Peter Disch-Lauxmann

Die authentische Geschichte von Stevensons Schatzinsel

erzählt von Christian Pfannenschmidt

Rasch und Röhring Verlag
Hamburg–Zürich

Abbildungsnachweis: Umschlag: Uwe George, GEO; Farbabbildungen: Uwe George, GEO; Sämtliche Schwarzweißabbildungen: Archiv Disch-Lauxmann

CIP-Kurztitelaufnahme der Deutschen Bibliothek

Disch-Lauxmann, Peter:
Die authentische Geschichte von Stevensons »Schatzinsel« / Peter Disch-Lauxmann. Erzählt von Christian Pfannenschmidt. – Hamburg; Zürich: Rasch und Röhring, 1985.
ISBN 3-89136-038-X

NE: Pfannenschmidt, Christian [Bearb.]

Einband und Gestaltung: Studio Reisenberger
Gesetzt aus der Times-Antiqua
Satzherstellung: Fotosatz Otto Gutfreund, Darmstadt
Lithographie: Albert Bauer KG, Hamburg
Druck- und Bindearbeiten: Clausen & Bosse, Leck
Printed in Germany

Inhaltsverzeichnis

Danksagung

Viele Jahre habe ich recherchiert, ehe ich glaubte, genügend Material über die Kokosinsel für dieses Buch gesammelt zu haben. Insgesamt fünf Reisen habe ich zur Insel unternommen, um persönliche Eindrücke zu gewinnen und mir ein Bild davon zu machen, unter welchen Umständen die Schatzsucher dort gearbeitet haben. Alle in diesem Buch beschriebenen Plätze der Insel habe ich selbst besucht, um nach Überresten vergangener Expeditionen zu suchen. Dieses Werk wurde nur möglich durch die Mithilfe vieler Personen, denen ich sehr verbunden bin.
Ganz speziellen Dank meinem Freund *Dr. Richard Gissler*, den ich auf seiner Reise zur Kokosinsel begleiten durfte und der mir sehr wertvolles Material zur Verfügung stellte.
Meinen Dank auch: *Fernando Cortez*, Direktor des Nationalparkes »Isla del Coco«, der mir bei vielen Recherchearbeiten zur Seite stand – *Murray Silbermann*, Berater des Präsidenten von Costa Rica in Sachen Touristik und Naturschutz, der mir mit einem Empfehlungsschreiben so manche Tür öffnen half –

Agosto Mongalo, der zwei der »Treasure Recovery«-Expeditionen begleitete und mir Material darüber zur Verfügung stellte – *Christian Knöhr*, der alte Seebär, mit dem ich die Insel zweimal besuchte und der mich mit seinen (Seemannsgarn-)Geschichten unterhielt – *Reinhold Ostler*, Autor des »Handbuches für Schatzsucher«, der auch Material beisteuerte und mit dem ich oft nächtelang über Karten der Kokosinsel saß – den *Angestellten der »Biblioteca Nacional«* in San José/Costa Rica, die mir bereitwillig halfen, alte Zeitungen und Zeitschriften durchzustöbern, sowie allen anderen, die mich direkt oder indirekt in meiner Arbeit unterstützten.

Vorwort

Seit drei Tagen war ich in Puntarenas an der Pazifikküste Costa Ricas, litt unter dem feuchtheißen Klima und suchte in der Stadt, die mir wie ein tropisches, heruntergekommenes Venedig vorkam, ein Schiff. Ich wollte zur Kokosinsel, die 300 Seemeilen vor der Küste Costa Ricas liegt. Denn ich hatte vor, auf der einsamen Insel naturkundliche Studien zu betreiben.

Die Kokosinsel ist vulkanischen Ursprungs. Wie Island ist sie ein über die Wasseroberfläche gehobener Teil eines untermeerischen Spalten- und Gebirgssystems des sogenannten Kokos-Riffs, an dem in den Tiefen des Pazifik aus glutflüssigen Schmelzen schneller neue Erdkruste gebildet wird als an jedem anderen Ort der Erde.

Die kleinen Fischerboote, die in Puntarenas lagen, fuhren nur selten zur Kokosinsel, und jedesmal, wenn ich nach einer Passage fragte, verschlossen sich die braunen, zerfurchten Gesichter der Fischerbootskapitäne. Ich hatte für ihr Verhalten keine Erklärung.

Da kam mir der Zufall zu Hilfe. In die Lagune von Puntarenas lief ein wunderschöner Schoner ein und ging vor Anker. Am Heck wehte die schwedische Flagge. Am Bug unter dem Klüverbaum starrte das Fabelwesen einer Galionsfigur auf den Horizont. Das Schiff hieß »Victoria of Karlstad«. Es war 33 Meter lang, verdrängte 65 Tonnen Wasser und konnte 300 Quadratmeter Segelfläche setzen.
Ich kam schnell in Kontakt mit der Crew der »Victoria«. Ich winkte, und kaum hatte der Anker des Schiffes im Grund seinen Halt gefunden, brachte die Mannschaft ihr Beiboot zu Wasser und holte mich an Bord.
Kompakte, muskulöse Gestalten mit rotblondem Haar und Vollbärten empfingen mich. Außer den »Wikingern« Leif, Lars, Jan und Björn waren das noch Louis, der costaricanische Bootsmann, und Keaven, der Koch, der aus Irland stammt, aber auf den Bermudas zu Hause ist.
In einer halben Stunde gelang es mir, Leif, den Kapitän, und seine Mannschaft zu überreden, zur Kokosinsel zu segeln und mich mitzunehmen. Aber, wie merkwürdig: Niemand fragte, was ich auf der Insel wollte. Nur schien von Anfang an bei allen Beteiligten ein geheimnisvolles, gemeinsames, aber unausgesprochenes Interesse daran zu bestehen, auf diese Insel zu gelangen.
Schon am nächsten Tag wurden Wasser und Proviant genommen, die »Victoria« wurde seeklar gemacht, und am Abend stachen wir in See. Kaum jemand

redete über unser Ziel, aber allen merkte man eine seltsame Spannung an.
Ich legte mich auf das erhöhte, aus Teakholz gezimmerte Kajütdeck neben eine der geöffneten Skylights und genoß den warmen Wind und den prächtig illuminierten Nachthimmel.
Wir hatten Glück mit dem Wetter. Eine lange, flache Dünung, die uns entgegenlief, stieg und fiel wie ein sanftes Atmen. Nachdem im Westen der letzte orangefarbene Rest des Tageslichtes erloschen war, erhob sich über dem östlichen Horizont der volle Mond. Im Nu erstrahlten die mit Wind prall gefüllten Segel über mir in unwirklichem Weiß. Die großen Stratocumulus-Wolkentürme erschienen mir in der Dunkelheit fast so hell wie am heimatlichen taghellen Sommerhimmel. Wo sie im Gegenlicht des Mondes standen, schienen gewaltige gold- und perlmuttfarben schimmernde Lichtsäulen aus dem Ozean zu ihnen emporzuwachsen. In Wirklichkeit waren das Regenfälle, durch die das Licht des Mondes schien und in denen es sich milliardenfach brach.
Ich lauschte dem Wispern des Windes in der Takelage, dem Ächzen der baumdicken, 30 Meter hohen Masten in ihrer Verkeilung im Schiffsrumpf und dem Quietschen der Blöcke, durch die das Tauwerk, die Fallen und Schoten zum Setzen und zum Verstellen der Segel liefen.
Aber ich hörte auch auf die Stimmen, die von unten aus der großen Kajüte kamen. Die Männer saßen um den großen Mahagonitisch, auf dem Seekarte und alte

Dokumente von der Kokosinsel lagen. Eine Flasche Rum machte die Runde. Während der Lichtkegel der kardanisch aufgehängten Petroleumlampe unverrückbar blieb, rollte das Schiff unter ihm hindurch, so daß die Gesichter abwechselnd vom Hellen ins Dunkle tauchten.

In den Stimmen der Männer war die gleiche Spannung, die mir schon am Beginn der Reise aufgefallen war, und es war eine fast unglaubliche Geschichte, die da flüsternd erzählt und diskutiert wurde. Die Rede war von den größten Schätzen, die je geraubt – und angeblich auf der Kokosinsel versteckt worden waren.

Das Gehörte vermischte sich mit meiner Erinnerung an das, was ich schon als Junge über Schätze und Piraten in dieser Region gelesen hatte. Als die Spanier einst aus ihren mittel- und südamerikanischen Kolonien enorme Gold- und Silberschätze abtransportierten, stand ihnen ein langer, gefahrvoller Weg bevor. Um die Beute heim ins Reich zu schaffen, mußten sie das edle Metall, ehe sie es auf ihre Atlantik-Schatzflotte verladen konnten, zunächst zu Schiff zur Landenge von Panama bringen, wo es per Maultierkarawanen an die Ostküste befördert wurde.

Viele Schatzschiffe wurden ein Opfer tropischer Wirbelstürme, über deren jahreszeitlich bedingte Erscheinung man damals noch wenig wußte. Erst 1983 ist vor der kolumbianischen Küste das Wrack der spanischen Galeone »San José« gefunden worden mit einer Goldladung von 290 Millionen Dollar.

Aber auch Freibeuter lauerten den Transporten auf, auch solchen, die den Sold für spanische Soldaten und Beamte brachten, und überfielen Hafenstädte. Räuber plünderten Räuber.

Zu den wichtigsten Piratenstützpunkten im östlichen Pazifik gehörte neben dem Archipel im Golf von San Miguel vor der Küste Panamas die rund 160 Seemeilen entfernte Kokosinsel.

Die »Victoria of Karlstad« machte immer noch gute Fahrt, als ich am frühen Nachmittag des dritten Tages die »Schatzinsel« von meinem Ausguck oben im Mastkorb ausmachte. Meter für Meter sah ich sie aus dem Horizont emporwachsen.

Als die Insel bereits nahe war und wir das Brüllen der Brandung, die gegen die düsteren, senkrecht abstürzenden Klippen rennt, schon fast zu hören glaubten, brach die Dunkelheit herein. Ich wunderte mich, daß Leif, der Kapitän, nicht sofort das Kommando zum Abdrehen auf die offene See gab, denn ein nächtlicher Landfall an dieser Küste konnte nur zum Stranden des Schiffes führen. Auf meine ängstliche Frage gestand Leif mir, was ich seit der nächtlichen Diskussion schon als Verdacht gehegt hatte: Er und seine Crew waren längst Opfer des »Kokos-Syndroms« und kannten die Gewässer genau, selbst bei Nacht. Sie waren schon hier gewesen.

Im letzten Rest des Tageslichtes umrundeten wir eine gespenstisch erscheinende vorgelagerte Felseninsel, an der die Brecher wie lange silbrige Zungen emporleckten. Die Segel fielen, und mit Motorkraft liefen

wir in eine ruhige Bucht ein. Navigiert wurde jetzt nur noch nach den sich gegen den Abendhimmel abzeichnenden Silhouetten der Felsklippen.
Plötzlich waren wir von Milliarden Lichtern umgeben, die das kalte Licht der Sterne überstrahlten. Es stammte von unzähligen Planktontierchen, die, angeregt durch die Bewegung des Wassers, in den Bug- und Heckwellen des Schiffes fluoreszierten. Das Licht war so intensiv, daß die Bordwände der »Victoria« und unsere Gesichter hell erleuchtet wurden. Eine Schule Delphine spielte vor unserem Bug. Jedesmal wenn sie an die Oberfläche schnellten, um zu atmen, floß das Leuchten über ihre Körper wie flüssiges Licht. Wieder unter Wasser, zogen sie einen kometenhaften Lichterschweif hinter sich her.
Und dann war da plötzlich eine Flosse, deren andersartige Form sich vor ihrem selbsterzeugten Leuchten abhob. Ruhig und beständig, ganz anders als bei den lebhaften Delphinen, durchschnitt sie die Wasseroberfläche. Gebannt starrte ich ins Wasser und entdeckte den scheußlich geformten Kopf eines riesigen Hammerhais, der sich durch seine Bewegung selbst illuminierte. Wenige Minuten später rauschte der Anker hell aufleuchtend in das ungefähr 30 Meter tiefe Wasser.
Beim ersten Sonnenstrahl war ich wieder an Deck, überwältigt von dem Anblick, der sich mir bot. Nie zuvor hatte ich eine Insel von so wilder Schönheit gesehen. Unser Schiff lag inmitten der nach dem Piraten Wafer benannten Bucht, einer von nur zwei

Buchten auf der ganzen Insel, die einen sicheren Landgang ermöglichen. Die Bay ist eingefaßt von hohen, senkrechten Felswänden, von denen silbrige Wasserfälle in die Tiefe stürzen. Auch an den Felswänden war jeder Quadratmeter von Farnen, Orchideen und Moosen besiedelt, die in einem irisierenden Grün leuchteten.
Hinter dem Strand und auf den hohen Bergen sah ich dichten, üppigen Urwald. Die Stämme und Äste der großen Bäume waren in dicke Moospolster eingepackt, die vor Nässe trieften. In den Moosen wurzelten zahllose Bromelien, Farne und Orchideen, die so versuchten, einen Platz an der Sonne zu erobern. Im Unterbau des Waldes erhoben sich riesige Farne auf baumdicken Stengeln bis zu acht Meter über den Boden.
Dichte Regenwolken zogen durch den Wald. Die Insel war zerfurcht von tiefen, unzugänglichen Cañons, die ganze Küstenlinie, so weit ich sehen konnte, von tiefen Brandungshöhlen zerfressen. Im Nordosten lag die Insel Manuelita, die wir am Vorabend umrundet hatten. Auch bei Tageslicht sah sie mit ihrem eigenartigen Bewuchs gespenstisch aus.
Ich hatte vor Augen, was die Seeleute, also auch die Piraten, an dieser Insel angezogen hatte. Während nämlich die meisten Inseln im östlichen Pazifik von Südkalifornien bis Chile wüstenhaft sind, da sie in kühlen, den Regen zurückhaltenden Meeresströmen liegen, wird die Kokosinsel vom warmen äquatorialen Gegenstrom umspült und verzeichnet mit 8000 Milli-

meter Niederschlag etwa zehnmal soviel wie die Bundesrepublik.
Meinen Versuch, an Land zu schwimmen, gab ich schnell wieder auf. Als ich mit der Tauchermaske ins Wasser sprang, fand ich mich über einem Schwarm großer Haie wieder. Ich erinnerte mich entsetzt, daß der Meeresforscher Hans Hass in den fünfziger Jahren in den Gewässern um die Kokosinsel das wohl dichteste Haivorkommen der Erde entdeckt hatte.
Wir setzten ein Beiboot aus, und dann drängten wir an Land. Kaum daß ich meinen Fuß auf den Strand gesetzt hatte, war der Vorsatz, naturkundliche Studien zu betreiben, fast vergessen. Jeden von uns hatte das sonderbare Fieber ergriffen, dem niemand entkommt, der sich dieser Insel nähert. Schon die Wildheit der Landschaft suggerierte »Schatz« und »Robinson«. Von Anfang an war ich auf seltsame Weise davon überzeugt, daß es unwahrscheinlich war, daß auf dieser Insel kein Gold verborgen ist.

Kokosinsel: Traum und Alptraum

Ich suche weiter. Grabe mit den Händen immer tiefer in der lehmigen, feuchten Erde. Draußen vor der Höhle: die Stimmen der anderen. Benito Bonito brüllt, John Keating geht energisch dazwischen. Deutsche Kommandos – das muß August Gissler sein; Robert Vergnes zischt etwas auf französisch. »Puta mierda«, schreit da jemand, und ein anderer röchelt nur noch so erbärmlich, als habe seine letzte Stunde geschlagen.
Dabei bin ich es wohl doch, mit dem es gleich zu Ende gehen wird. Die Männer kommen näher. Schon flakkern Lichter am Höhleneingang. Die Vergangenheit hat mich fast eingeholt. Gibt es denn keine Lösung, keine Erlösung? Ich will ihn finden, ich muß ihn finden – den Schatz der Kokosinsel. Einen Schatz nur, einen einzigen von den vielen, die hier vergraben sind. Oh, Himmel oder Hölle, befreit mich von der Sucht der Suche. Laßt mich finden und fliehen!
Ich krieche weiter. Meine Hände sind blutig. Hacke und Schaufel habe ich irgendwo verloren. Nur noch eine Taschenlampe ist mir geblieben. Schwach strahlt

sie auf Felswände und Boden. Irgendwo hier an dieser verdammten Stelle müssen das Gold und das Silber liegen, die Münzen und die Barren. Das kleine Kreuz auf einer alten Schatzkarte, hier soll der Lohn für mich sein.

Plötzlich! Da – zwischen Lehm, Stein und glitschigem Moos glitzert etwas. Und dort – Metall blinkt auf. Ich bücke mich, sehe genauer hin. Kisten! Münzen! Gold und Silber!

Du mußt die Ruhe bewahren, sage ich mir. Hinter mir die Gespenstergestalten aus längst vergangenen Tagen, vor mir der Schatz. Ich reiße eine Kiste aus dem Loch im Felsen heraus, setze mich hin, trete mit dem Stiefel gegen das Schloß. Mir fehlt die Kraft. Aber dann ist es geschafft: Ich beuge mich wieder nach vorn, sehe einen Kelch, mit Steinen besetzt. Dieses Funkeln, selbst im fahlen Licht der Taschenlampe! Ich bin am Ziel, endlich!

Doch gerade in dem Moment, als ich mich langsam erheben, meine Gedanken im Schwindelgefühl des Glücks ordnen will, da wird mir angst und bange. Übel ist mir, ich falle zu Boden und weiß: Es gibt kein Entkommen mehr, ich bin gefangen. Da sind sie auch schon, die Männer. Sie schweigen und starren. Einer tritt vor, eine gewaltige schwarze Gestalt. Ist es der Maat der »Mary Dear«? Er hebt die Spitzhacke in seiner linken Hand und läßt sie auf mich niedersausen. Ein seltsam fernes Krachen.

★

Aus der Traum. Schweißnaß wache ich auf, schalte die Nachttischlampe an, sehe mich um. Ein Ventilator an der Zimmerdecke kühlt surrend die heiße Nacht von Costa Rica. Wieder so eine Nacht, wieder so ein Traum. So ein Alptraum, der nichts mit der Wirklichkeit zu tun hat. Oder doch? Die Männer in meinem Traum: Sie haben wirklich gelebt. Den Schatz, die Schätze muß es geben. Und auch die Insel, die Kokosinsel, existiert: 500 Kilometer südwestlich von der Küste Costa Ricas entfernt, auf halbem Wege zu den Galapagos-Inseln im Pazifik gelegen. Ein kleines, nur 25 Quadratkilometer großes Eiland, ein tropischer Urwald auf unzugänglichen Felsen.
Sie ist nicht so sagenumwoben wie Atlantis, nicht so unheilschwanger wie das Bermuda-Dreieck, nicht so geschichtsträchtig wie Kuba; die Kokosinsel ist keine Briefmarkenberühmtheit wie Mauritius, kein Urlauberdorado wie Hawaii, keine Filmkulisse wie Tahiti. Nur wenige Menschen haben bisher von ihr gehört, und doch ist die Kokosinsel weltweit bekannt – eine Besonderheit, eine Kostbarkeit, die wohl mehr Geheimnisse und Geschichten birgt als jede andere Insel auf der Welt. Ihr größtes Geheimnis: Sie ist die »Schatzinsel« aus Robert Louis Stevensons Roman-Klassiker.
Wer hat nicht nachts, wenn die Eltern das Licht schon ausgeschaltet hatten, heimlich unter der Bettdecke und im Schein einer Taschenlampe, Stevensons »Schatzinsel« gelesen? Jenes Buch, in dem die Geschichte des 17jährigen Jim Hawkins erzählt wird, der

im Gasthaus seines Vaters den unheimlich-geheimnisvollen Seemann Bill Bones kennenlernt und nach dessen Tod in den Besitz einer Schatzkarte kommt. Die Geschichte von Jim Hawkins, der auf der Reise zur Schatzinsel dramatische Abenteuer erlebt, seltsame Gestalten wie John Silver mit dem Holzbein kennenlernt, der auf fernen Meeren Piraten begegnet und Schätze sieht und schließlich – alles nimmt bei Stevenson ein gutes Ende – gesund und munter, aber um manch düstere Erfahrung reicher, in die Heimat zurückkehrt.

Zwar wird ihr Name in dem Buch niemals ausdrücklich erwähnt, doch aufmerksame Leser und Kenner finden zahlreiche Hinweise auf die Kokosinsel. So schreibt Stevenson, daß die Schatzinsel »unbewohnt« sei, daß es dort »nichts Lebendes« gab außer »stummen Waldtieren und Vögeln« – ganz wie auf der Kokosinsel. Das Vorkommen von Seelöwen, das Wachsen von Muskatbäumen und vieles anderes mehr in seiner Beschreibung der Fauna und Flora bis hin zu dem üppigen, dichten Grün und dem steil aufragenden Felsen deuten darauf hin, daß Stevensons Schatzinsel im Pazifik liegt und nicht, wie manche meinten, in der Karibik.

Wenn schließlich Jim Hawkins von seiner Schiffsreise und Route spricht und von all seinen Exkursionen auf der Insel, dann gleicht das genau dem, was Reisende im Laufe der Zeit immer wieder über die Kokosinsel berichtet haben.

Stevenson, so heißt es, erfuhr von der Insel und den

Schätzen, die dort vergraben sein sollen, im Jahre 1881 in einer Hafenbar von San Franzisko, als er einen Seemann namens Peg Leg Benton traf. Benton soll ein Abtrünniger des Seeräuber-Kapitäns Benito Bonito gewesen sein – zu seiner Zeit König der Piraten und verantwortlich für ungezählte Raubreisen, auf denen er Reichtümer erobert haben dürfte, wie sie heute kaum vorstellbar sind.

Stevenson muß dermaßen fasziniert gewesen sein von den Erzählungen Peg Leg Bentons, daß er noch im Sommer 1881 innerhalb weniger Wochen seinen Welterfolg »Die Schatzinsel« schrieb. Auch wenn es Jim Hawkins nicht gegeben hat – seine Abenteuer, die bei Stevenson wie reine Fiktion klingen, sind doch eine Anleihe bei der Wirklichkeit.

Der Pazifik vor Mittel- und Südamerika war bis zum 19. Jahrhundert von Piraten beherrscht. Sie hatten es vor allem auf die spanischen Schiffe abgesehen, die aus den Kolonien geplündertes Gold und Silber nach Europa bringen sollten – unermeßlich wertvolle Kunstwerke und Kultgeräte der Ureinwohner, Kisten voller Münzen und Barren, Bodenschätze aus den ertragreichen Minen. Immer wieder gelang es den gefürchteten Seeräuberbanden jedoch, aus dem Ausbeute-Gut Beutegut zu machen und es in mehr oder weniger sicheren Schlupfwinkeln verschwinden zu lassen.

Ein strategisch besonders günstiges Versteck muß die Kokosinsel gewesen sein: nicht zu weit entfernt von den Routen der Spanier. Umgeben von gefährlichen

Riffen und tückischen Strömungen, durch die nur Eingeweihte heil ihren Weg finden. An Land von undurchdringlichem Dickicht überwuchert, das vor ungebetenen Spähern schützt, dank heftiger tropischer Regenfälle zudem eine willkommene Süßwasser-Oase.

Wann und von wem die Insel zum erstenmal betreten wurde, ist nicht bekannt. Ihre Geschichte läßt sich zurückverfolgen bis zum Jahre 1541, als der Franzose Nicholas Desliens eine erste geographische Karte zeichnete, die allerdings nur sehr ungenau war. In den darauffolgenden Jahren geriet die Insel wieder in Vergessenheit, blieb verborgen unter tiefhängenden Regenwolken.

Viele Schiffe sind an der Insel vorbeigezogen, ohne daß sie entdeckt wurde. Im Jahre 1600 suchte der holländische Weltumsegler Oliver de Noort vergeblich nach ihr, nicht anders erging es 1615 seinem Landsmann Georg van Spilberg. Und noch mehr Schiffe sind bei dem Versuch anzulanden, um Frischwasser und Kokosnüsse an Bord zu nehmen, gesunken, unzählige Seemänner ertrunken.

Bis heute gibt es nur zwei sichere Ankerplätze, von denen man auf die Insel gelangt: die Wafer-Bucht und die Chatham-Bucht.

Wer in einer dieser beiden Buchten an Land geht, sich an die große Hitze und die hohe Luftfeuchtigkeit von beinahe einhundert Prozent gewöhnt, der wird manch berühmten Besucher verstehen: Der Meeresforscher Philippe Cousteau nannte sie »die schönste Insel der

Welt«, und der »Seeteufel« Graf Luckner behauptete: »Ich werde sie nie vergessen.« Der Segler Rollo Gebhard beobachtete »um mich herum eine Märchenlandschaft«, und der Taucher Hans Hass fand dort gar »das letzte Paradies auf Erden«.

Tausende von Kokospalmen säumen das Ufer. Mehr als zweihundert Wasserfälle, bis zu 150 Meter hoch, krachen, rauschen, tosen auf der Insel. In den Felsbecken darunter kann man schwimmen, in den Flüssen kann man Forellen angeln, in den Buchten, im Schatten der steil aufragenden, mit Moos und Riesenfarnen überwucherten Klippen, kann man ruhen. Dazu rauscht das Meer, kühlt der Wind, duften die Orchideen. Und irgendwo, unsichtbar im dichten Grün der Bäume, singen die Vögel. Da ziehen ganze Ameisenkolonnen durchs Unterholz und Schwärme von Drachenfliegen durch die Luft, da springen Heuschrecken, beißen Moskitos, schwirren Motten, da flattern Schmetterlinge und surren Wespen. Rund um die Insel ein seltener Fischreichtum: Haie, Delphine, Makrelen, Mantas und Schwertfische, dazu Mengen von Krebsen und Langusten.

Seit 1869 befindet sich die Kokosinsel im Besitz Costa Ricas, das sie jahrelang als Sträflingsinsel nutzte. Im Jahre 1895 landete ein Kapitän namens Cartney-Passmore auf der Kokosinsel und zeichnete im Auftrage der damaligen Regierung die erste genaue geographische Karte.

In seinen Notizen über die Arbeit auf der Insel beschrieb er die südliche Küstenlinie, die bis dahin nie genau vermessen worden war, und vermerkte, daß deren »Hinterland stark gebrochen ist, mit vielen fruchtbaren Tälern und keinem einzigen Hektar Land, der als flach angesehen werden kann«. Er erwähnte auch die Chatham-Bucht: »Dort gibt es Frischwasser und große Mengen Feuerholz.« Aber er warnte ebenso davor, sich von dem verführerischen Anblick der Insel trügen zu lassen: »Selbst bei Flut ist eine Landung schwierig.«

Weiter schrieb er: »Die Wafer-Bucht, welche von der Chatham-Bucht durch einen 700 Fuß hohen Bergkamm getrennt ist, hat Ankergrund in einer Tiefe von 25 Faden. Hohe Wellen schlagen gegen die Riffs in dieser Bucht. Eine Gefahr, die in keiner Admiralitätskarte verzeichnet ist, befindet sich etwas westlich von Kap Dampier. Es ist ein kleines Riff, das nur bei Ebbe zu sehen ist. Das umgebende Gewässer ist sehr tief.«

Nachdem Kapitän Cartney-Passmore an Land gegangen war und begann, die Kokosinsel zu vermessen, machten ihm Insektenschwärme und schlammiger Boden, Erdspalten und Urwalddickicht schwer zu schaffen. Bis ins Innere der Insel drang er nicht mehr vor. Dort sind weite Teile bis heute unerforscht geblieben, auch wenn Abenteurer und Wissenschaftler immer wieder versuchten, die Insel zu erkunden und zu bezwingen.

An sie erinnern jetzt noch mit Lianenteppichen überwucherte Hütten und Plantagen, verrostete Werkzeuge, verrottete Ruderboote und die vielen Steine am

Ufer der Chatham-Bucht, übersät mit Inschriften – ein historisches Gästebuch mit Jahreszahlen und Namen von Besuchern und Schiffen. »Ship Atala, Boston, 1817« steht da oder »Bark Octavia, C. Mantor, Cuban, April 18, 1831«; »Eva – 1849« liest man dort, »Java – Nov. 14, 1856« oder »Adolfo Mesen – Oktober 1889«; der »Seeteufel« Graf Luckner etwa meißelte 1935 seinen Namen in einen Stein, und Jacques Cousteaus Sohn Philippe hinterließ den Schriftzug »Calypso 1976«.

Doch gibt es auf der Kokosinsel auch lebende Beweise für menschliches Tun und Treiben. Da leben im undurchdringlichen Grün Virginia-Hirsche und wilde Schweine, da zischen Ratten über die Strände, gejagt von wilden Katzen. Es sind Nachkommen jener Tiere, die Seeleute einst auf der Insel zurückgelassen haben.

Im Jahre 1793 zum Beispiel kam ein britischer Kapitän mit Namen Colnett auf die Kokosinsel, um herauszufinden, ob sie ein Anlaufpunkt für Walfangschiffe sein könnte. In einem Kapitel seiner Reisebeschreibung heißt es: »Am vierten Tag luden wir zweitausend Kokosnüsse, und als Gegenleistung setzten wir ein Mutterschwein und einen Eber aus. In der Bucht säten wir Gemüse jeder Art, für die, die nach uns kommen.«

★

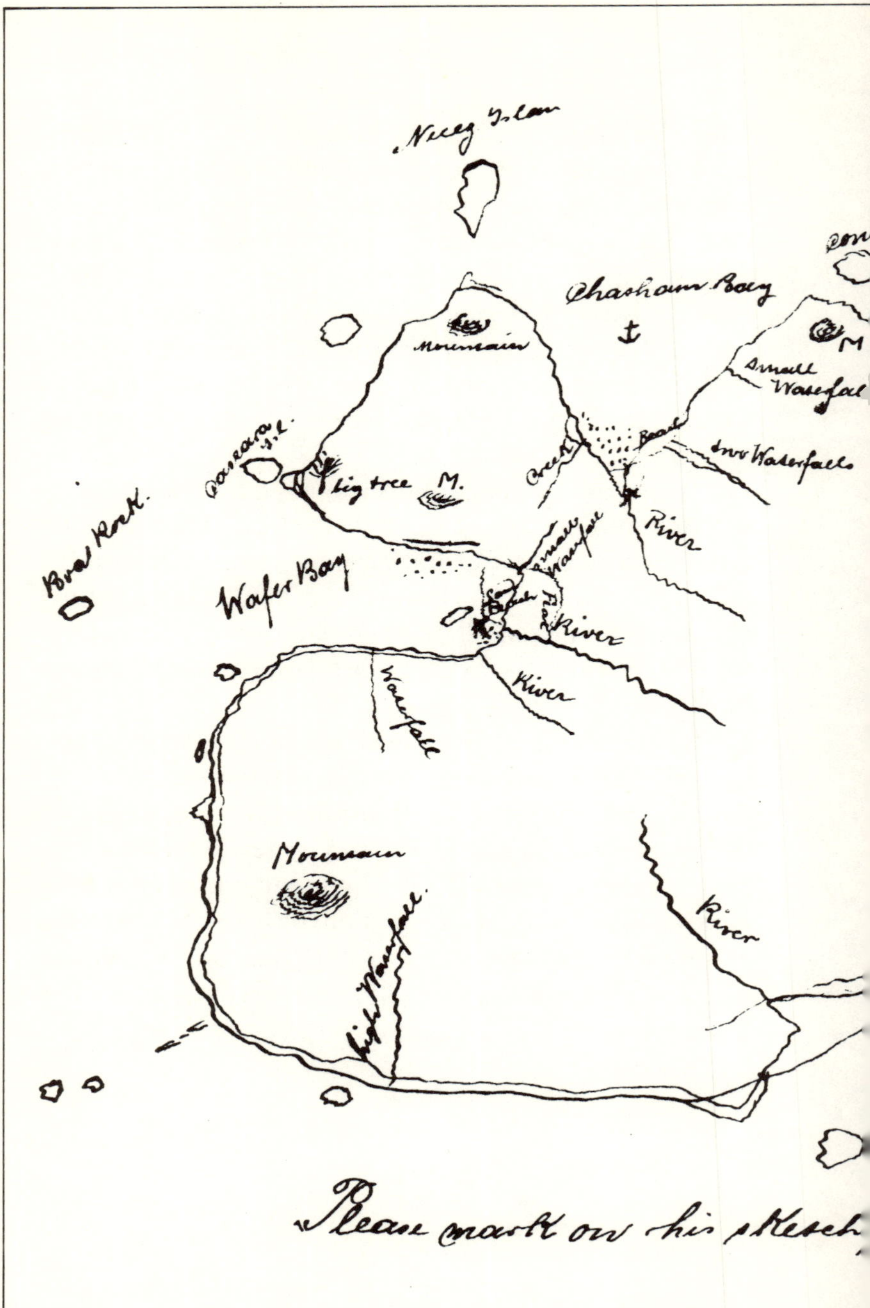

Chatham Bay
Mountain
Small Waterfall
Beach
Two Waterfalls
Creek
Big tree
M.
River
Wafer Bay
River
River
Waterfall
Mountain
River
High Waterfall
Please mark on this sketch

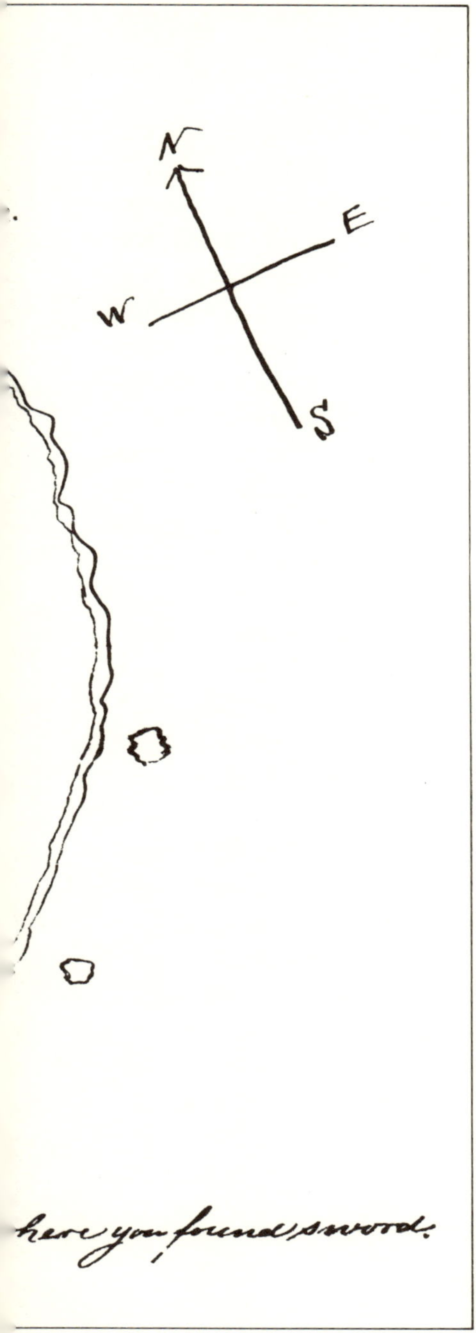

»Bitte kennzeichne die Stelle, an der du das Schwert gefunden hast.«
Skizze eines Schatzsuchers

Ich, Peter Disch-Lauxmann, war einer von denen, die nach Kapitän Colnett und seinen Leuten kamen – knapp zweihundert Jahre später betrat ich nach einer abenteuerlichen Reise zum erstenmal die Insel. Ich hatte Deutschland Anfang 1970 verlassen und war kreuz und quer durch Südamerika gefahren. Eigentlich wollte ich in die Vereinigten Staaten und nach Kanada, doch schon in Panama war mein Geld verbraucht, und ich mußte mir einen Job suchen.
Mit einer Handvoll Dollars schaffte ich es gerade noch bis nach Costa Rica. Dort, genauer gesagt, in der Hafenstadt Puntarenas, lernte ich den deutschstämmigen Haifisch-Fänger Christian Knöhr kennen. Er bot mir nicht nur einen Job an, sondern er erzählte mir auch von der Kokosinsel, vor der er sein Fangrevier hatte. Während der Fahrt dorthin hörte ich von ihm die aufregendsten Geschichten, und als ich dann kurz darauf an Land ging, da wußte ich: Die Kokosinsel würde mich nicht mehr loslassen; das Kokosinsel-Fieber hatte mich gepackt.
Seit dieser Zeit nun stöbere ich schon in Bibliotheken und Archiven, sammle Bücher und Zeitungsausschnitte, reiste sogar nach Panama, Peru und in die USA, um mehr und immer mehr zu erfahren.
Jetzt lebe ich hier als Geschäftsmann in Costa Rica, doch meine Gedanken sind drüben, auf der Insel. Fünfmal habe ich sie aufgesucht, auf ihr gesucht, habe Expeditionen begleitet und Abenteuer erlebt. Fünfzehn Jahre lang habe ich geforscht und gefragt, mit Fachleuten und Schatzsuchern gesprochen, habe Do-

kumente entdeckt und manches Geheimnis gelüftet.
Die Schätze freilich – oder auch nur einen davon – habe ich bisher nicht finden können. Von den vielen, denen man nachsagt, sie seien auf der Kokosinsel vergraben, konnte ich nach ausführlichen Recherchen vor allem die Spuren derer verfolgen, die von drei berühmten Piratenschiffen dorthin verbracht worden sein sollen.
Eines dieser Schiffe wurde von Edward Davis befehligt, ein anderes von Benito Bonito und das dritte schließlich von einem schottischen Kapitän namens James Thompson. Auf mehreren Reisen zur Kokosinsel sollen diese Männer mit ihren Mannschaften Schätze versteckt haben, deren heutiger Wert zwischen einigen hundert Millionen und mehr als fünfeinhalb Milliarden Mark liegen müßte. Millionen von Goldmünzen, ungezählte Barren aus Gold, tonnenweise Silbermünzen, Hunderte von Schätzen aus Kirchen, Königs- und Kaufmannshäusern, ja, sogar eine 1000 Kilogramm schwere Goldstatue der Muttergottes, reich mit Edelsteinen besetzt – die Kokosinsel, reichste Schatzsucher-Stätte der Welt.
Ja, die Schatzsucher. Bis zum heutigen Tag forschen sie auf der Kokosinsel nach der Wahrheit, graben nach Geld, Gold und Glück, aber fanden und finden zumeist nur dies: Enttäuschung und Elend. Männer sind dort gestorben, krank und gebrochen. Männer sind dort ermordet worden, unter düsteren Umständen. Männer sind dort überfallen worden, vom Fluch der Gier, die ihnen ein rastloses, ratloses Leben des

Suchens aufzwang. Viele haben über ihre Reisen gesprochen und geschrieben, einige von kleinen Funden berichtet. Andere wiederum schwiegen und lebten in großem Reichtum, irgendwo auf der Welt.
Ich, der ich hier lebe, fern der Insel und doch so nah, will und kann nicht von ihr lassen, muß alles loswerden, was ich weiß, denn das ist es, was mich packt: das Abenteuer Kokosinsel. Das ist es, was mich gefangen hält: das Kokos-Syndrom. Eine Krankheit, unter der viele leiden, eine Krankheit, von der man wohl nicht genesen kann. So will ich in dieser schwülen Nacht alles aufzeichnen, was ich weiß, will Geheimnisse aufdecken, die ich entdeckt habe, will die langen, manchmal schrecklichen Wege beschreiben, die zur Insel führten, und jene dramatischen Geschichten, die Piraten und Schatzsuchern auf der Kokosinsel widerfuhren. Vielleicht werde ich dann, am Ende, wenn ich alles aufgeschrieben habe, was ich weiß, befreit sein von meinen Träumen, erlöst sein vom Kokos-Syndrom. Und vielleicht werden andere dann davon befallen sein.

Piraten, Piraten

Auf meiner historischen Reise zu den Schätzen der Kokosinsel will ich mit dem Jahre 1684 beginnen. Damals war Edward Davis Kapitän auf dem Schiff »Bachelor's Delight« (zu deutsch etwa: »Junggesellen-Vergnügen«). Er war der berühmteste und gefürchtetste Pirat im östlichen Pazifik. Und nicht nur Kapitän auf diesem einen Schiff, sondern Befehlshaber einer ganzen Raub-Flotte. Fast zwanzig Jahre lang überfiel seine Flotte spanische Transportschiffe, die mit Schätzen aus den Kolonien auf dem Wege in die Heimat waren. Seeräuber Davis unternahm mit seinen Männern aber auch Beutezüge an Land: 1685 ließ er, so geht aus alten Quellen hervor, die Stadt León im heutigen Nicaragua ausplündern.

Er war, so heißt es, ein ruhiger, disziplinierter Mann, ein geschäftstüchtiger Kaufmann, »die geborene Führernatur«. Sich selbst hielt er nie für einen Piraten oder Verbrecher, mehr für einen patriotischen Engländer, einen »Umverteiler kostbarer Güter« – einen Robin Hood der Meere. Zwei Begleiter aus der Heimat wußte Davis auf seinen Reisen offenbar beson-

ders zu schätzen: William Dampier und Schiffsarzt Lionel Wafer.
Die beiden Briten schrieben für ihn Berichte über seine Exkursionen und führten darüber hinaus Tagebuch. Lionel Wafer schrieb unter anderem, daß einmal bei einer Beuteverteilung an jeden Piraten 5000 Goldpiaster gegangen seien; William Dampier vermerkte, daß ein anderes Mal Goldstücke krügeweise verteilt wurden: Edward Davis, der reichste und erfolgreichste Pirat seiner Zeit.
Daß Davis auf der Kokosinsel war, ist unbestritten. William Dampier, in dessen Aufzeichnungen der Name Kokosinsel (Isla del Coco) erstmals auftauchte, notierte 1684: »Die Kokosinsel wurde von den Spaniern so genannt, weil es eine große Anzahl von Kokospalmen gibt... Einige unserer Leute gingen täglich an Land, und einmal fällten sie eine große Anzahl von Kokospalmen, ernteten die Früchte und sammelten so ungefähr zwanzig Gallonen (90 Liter) Kokosmilch. Sie setzten sich nieder und tranken auf das Wohl der englischen Königsfamilie. Die Männer tranken im Übermaß, wurden zwar nicht betrunken, aber ihre Nerven waren so gelähmt, daß sie weder gehen noch stehen konnten. Nur mit Hilfe derer, die nicht an dem Umtrunk beteiligt waren, konnten sie an Bord zurückkehren, wo sie vier bis fünf Tage brauchten, um in die alte Form zurückzukommen.«
Grund zur Freude und zum Feiern: ein gut versteckter Schatz etwa? Darüber ist bei Dampier nichts nachzulesen. Wohl aber gibt es andere Aufzeichnungen dar-

über, daß Edward Davis mit seiner »Bachelor's Delight« mehrere Schiffe auf ihrem Wege von der peruanischen Hafenstadt Callao nach Panama überfiel und die Ladung auf die Kokosinsel gebracht haben soll.
Davis blieb bis zum Jahre 1702 Pirat. Dann segelte er um Kap Hoorn herum in die Karibik und ergab sich in Jamaika dem englischen Königshause. Doch aufgrund einer Amnestie, die König James II. allen englischen Piraten gewährte, kehrte er in die Freiheit zurück und lebte fortan als reicher Mann.

★

War Edward Davis ein Pirat im englisch-edlen Stil, ähnlich vielleicht dem Hollywoodfilm-Seeräuber Errol Flynn, will ich nun von dem Manne berichten, dessen Erscheinung im krassen Gegensatz dazu steht: Pedro Benitez alias Benito Bonito alias Dom Pedro: »Dom Pedro mit dem blutigen Schwert«. So wurde er von denen genannt, die gegen ihn waren, denn der Portugiese war gefürchtet und fürchterlich. Der große, kräftige Mann mit braungebrannter, narbiger Haut und schwarzen Locken trug stets ein Schwert in der Hand, mit dem er sich Respekt verschaffte.
Gut einhundert Jahre nach Edward Davis zog Benito Bonito auf seinem Schiff »Relampago« raubend und mordend durch die Karibik und den Pazifik. In den Jahren 1818 bis 1820 erbeutete er Schätze im Wert von mehreren Millionen Mark, von denen ein großer Teil auf der Kokosinsel vergraben sein soll.

Um seine Geschichte nachzuzeichnen, muß ich mit dem Jahre 1814 beginnen. Damals war Bonito unter seinem Geburtsnamen Pedro Benitez Kapitän auf einem Schiff, mit dem er schwunghaften Sklavenhandel zwischen Afrika und der Karibik betrieb, aber schon zwei Jahre später tauchte er als Pirat vor den Azoren auf.

Ein Portugiese, dessen Name nicht überliefert ist, war erzwungenermaßen für einige Zeit Wegbegleiter von Benito Bonito und erlebte den Aufstieg und Fall des düsteren »Dom Pedro mit dem blutigen Schwert« aus nächster Nähe. Dieses Abenteuer hat er in portugiesischer Sprache aufgeschrieben und seinem Enkelsohn überlassen, der in der Geschichte der Kokosinsel noch eine wichtige Rolle spielen wird. Übersetzt und gekürzt liest es sich so:

»An jenem schrecklichen Tag, als wir von den Piraten gefangengenommen wurden, war ich gerade siebzehn Jahre alt geworden. Meine Familie und ich lebten auf der Insel Flores. Mein Vater war Fischer, und ich half ihm, so gut ich konnte.

Eines Tages fuhr ich mit fünf Freunden im Boot meines Vaters zum Fischen hinaus. Wir hielten uns zunächst in Küstennähe auf, hatten dort aber kein Glück. Der Wind stand günstig, und so beschlossen wir, weiter hinauszusegeln. Doch unsere Sterne standen schlecht, an diesem verdammten Tage, diesem Tage der Unseligkeit, dreimal sei er verflucht! Sturm kam auf, ein Mast brach, wir trieben immer weiter hinaus auf das offene Meer.

Plötzlich sahen meine Freunde und ich ein großes Segelschiff, das immer näher kam. Damals übrigens waren die Erzählungen der Inselbewohner voll von Beobachtungen und Begegnungen mit einem französischen Piratenschiff, das ›Renard‹ hieß und immer wieder vor den Küsten der Inseln aufkreuzte. In diesem Moment, als wir mit Entsetzen an die Geschichten unserer Väter dachten, sollten wir es nun mit eigenen Augen sehen: Die ›Renard‹ nahm Kurs auf unser Boot. Ehe wir lange beratschlagen oder gar die Flucht ergreifen konnten, wurden wir samt unserem Fischfang an Bord geschleppt, unser Boot sich selbst überlassen.
Ein Franzose, der auch unsere Sprache beherrschte, übersetzte uns, daß wir von nun an als Gefangene an Bord arbeiten müßten. Jede Verweigerung, jeder Widerstand, so sagte er, sei zwecklos: ›Wir knüpfen euch auf!‹
Ha! Wir knüpfen euch auf! Noch heute, in den gesegneten Tagen meines Alters, da ich diese Zeilen aufschreibe, könnte ich lachen darüber, wie das Schicksal schon wenig später den Spieß umdrehte.
An Bord waren außer uns noch fünfundzwanzig Gefangene, die unter Deck wie Tiere gehalten wurden. Erwachsene Männer, Portugiesen, die jedoch kaum friedfertiger und vertrauenerweckender aussahen als die Franzosen. Eine meiner Arbeiten bestand darin, diesen Gefangenen jeden Tag den Suppenkessel zu bringen.
›Hör mal gut zu, Kleiner‹, sagte einer der Männer zu

mir, nachdem die erste Woche auf hoher See verstrichen war, ›wir wollen hier raus, aus diesem Loch. Und du kannst uns dabei helfen!‹
›Was kann ich schon tun?‹ erwiderte ich.
›Paß nur gut auf, Kleiner‹, sagte der Mann darauf, ›du wirst Kassiber schmuggeln. Nachrichten im Suppentopf, von uns zum Smutje und umgekehrt. – Heiße Nachrichten!‹ fügte er hinzu, und die Gefangenen lachten darüber, als sei es ein toll gelungener Witz.
Ich konnte der Sache nichts Komisches abgewinnen. Ich konnte ihr eigentlich gar nichts abgewinnen, aber der Mann überzeugte mich schließlich doch: ›Es wird zu deinem Guten sein!‹
So schmuggelte ich also Kassiber vom Koch in der Kombüse zu den Leuten im Laderaum. Hin und her und her und hin, und dann, in einer Nacht, mußte ich die Luke öffnen, unter der die Bande gekauert hatte, und ein riesiger Kerl stieg an Deck. Ein Matrose gab dem Hünen ein Schwert und sagte leise: ›Jetzt ist deine Zeit gekommen, Dom Pedro!‹
Sie kam, die Zeit des großen Dom Pedro mit dem blutigen Schwert. Noch in derselben Nacht baumelten alle Franzosen-Piraten an den Masten, und die kalte Meeresluft wehte ihnen um die noch kälteren Nasen. In die Hölle mit ihnen, dreimal verflucht! Am nächsten Tag wurde eine neue Flagge gehißt und ein neuer Kurs gesetzt. Wir segelten Richtung Madeira, unter dem Kommando von Dom Pedro.
Ein Mann unserer Heimat, ein Mann unserer Sprache, unser Befreier, also auf nach Madeira! Wir waren

überglücklich. Doch gleichzeitig beschlich uns die Angst vor der Ungewißheit. Er war ein Portugiese, dieser Dom Pedro, aber er war auch ein Pirat. Er war uns wohlgesonnen, dieser Benito Bonito, aber würde er uns auch die Freiheit wiedergeben?
Schon bald indes gab es eine Wende in unseren Gefühlen und unserem Denken, eine völlige Abkehr von alledem, was wir vorher glaubten zu sein und zu wollen. Seit damals weiß ich nun, daß man wirklich keiner Seele trauen kann, und zwar am wenigsten sich selbst.
Das Schiff rollte über die meterhohen Wellen, es ächzte und krachte, aber noch lauter dröhnte die Stimme von Dom Pedro: ›Ihr seid bleich, wie ihr da so steht‹, sagte er zu uns, ›aber nicht,' weil ihr seekrank seid, sondern weil ihr Angst habt. Vor mir. Aber ich sage euch: Vor mir braucht sich niemand zu fürchten, der auf meiner Seite ist. Und ihr seid auf meiner Seite, das habt ihr gezeigt.‹
Dem Pedro gab uns einen Tonkrug, aus dem wir jeder einen Schluck Rum nehmen mußten. Dann fuhr er fort: ›Ihr seid Söhne der See, also gut aufgehoben auf diesem Schiff. Ich will, daß ihr bei mir bleibt, und zwar freiwillig. Ihr könnt, wenn ihr wollt, in Funchal von Bord gehen. Aber habt ihr euch einmal gefragt, wie euer Leben dann aussehen wird? Ihr seid Söhne der See, ihr seid Fischer. Eure Väter sind Fischer, eure Großväter waren Fischer und so weiter und so fort. Wenn ihr in Madeira die »Renard« verlaßt, werdet ihr irgendwann heiraten, eine Familie bekom-

men. Eine Familie mit großem Hunger. Euer Leben lang werdet ihr fischen und fischen und fischen. Und dann werdet ihr sterben und Söhne hinterlassen und Enkelsöhne, die auch wieder nichts anderes tun können, als zu fischen. Ein ewiger Kreislauf des Stumpfsinns und der Armut.‹

Dom Pedro sprach so überzeugend, so wütend, so mitreißend, daß unsere jungen Herzen plötzlich anders schlugen, daß unsere jungen Köpfe plötzlich ganz anders dachten. Ja, so würde es wohl um uns stehen, da stimmten wir dem Piraten zu. Nachdem er uns soweit hatte, holte er zu seinem letzten großen Schlag in dieser Rede aus: ›Dummköpfe seid ihr, wenn ihr geht! Bleibt! Ich, Benito Bonito, verspreche euch ein Leben, wie es aufregender und schöner nicht sein kann. Ihr werdet ferne Länder kennenlernen. Und mehr noch: Reichtum! Und mehr noch: Respekt! Man wird euch fürchten und beneiden, euer Leben wird niemals langweilig sein oder arm, ihr werdet immer Freunde haben. Und mehr noch: Feinde! Pirat sein, das heißt: leben, Pirat sein, das heißt: Mann sein. Entscheidet euch! Jetzt! Hier! Vor mir. Und für mich!‹

Wir entschieden uns für ihn und blieben an Bord.

★

Eine Zeitlang segelten wir mit der ›Renard‹ und plünderten jedes Schiff, dem wir begegneten. Dom Pedro war grausam, aber gerecht: Stets wurde die

Beute unter uns allen aufgeteilt. Eines Tages kaperten wir ein Schiff, das größer und schneller war als das unsrige. Unser Maat Cadouse hielt mit einigen Leuten auf der ›Renard‹ die Stellung und übernahm das Kommando. Wir blieben bei Dom Pedro auf dem neuen Schiff, das er auf den Namen ›Relampago‹ umtaufte. Unser neues Beute-Terrain wurde nun das karibische Gewässer. Mit der ›Relampago‹ verschafften wir uns bald einen schrecklichen Ruf in der gesamten Karibik, raubten, was uns vor den Bug kam, und hatten in jedem größeren Hafen einen Mittelsmann, der die Waren über Hehler verscherbelte. Schließlich waren uns Kriegsschiffe auf der Spur. Teufel auch! Wir mußten aus jener Gegend fliehen, umrundeten Kap Hoorn binnen drei Monaten und gelangten an die chilenische Küste.

Unser Proviant war fast aufgebraucht, und so ankerten wir vor dem kleinen Hafen von Talcahuano. Dom Pedro stellte ein paar Männer zur Wache auf der ›Relampago‹ ab, wir anderen ruderten an Land. Einige bekamen den Auftrag, Lebensmittel, Wasser und Rum zu beschaffen, mein Freund Alonso und ich erkundeten die Umgebung.

Wir lernten einige Priester kennen, die auf ein Schiff nach Spanien warteten, und schon ein paar Minuten später äußerten die Kirchenmänner einen frommen Wunsch. ›Warum kommt euer Schiff nicht in die Bucht und nimmt uns an Bord?‹ fragte einer. ›Wir warten nun schon seit einer Woche vergeblich!‹

Ich antwortete: ›Wir haben keinen Wind, um in die

Bucht zu segeln. Aber wir können Sie mit dem Beiboot hinüberrudern. Dann können Sie mit dem Kapitän verhandeln.‹ Sie willigten ein, und wir begleiteten die Priester auf die ›Relampago‹.

›Was bringt ihr denn da Schönes? Wir sind doch keine Kannibalen!‹ tönte Dom Pedro, der an der Reling auf Proviant wartete, schon aus einigen Metern Entfernung.

›Die Priester suchen ein Schiff, das sie von hier fortbringt!‹ rief ich zurück.

›Können sie zahlen?‹ gröhlte Dom Pedro, und ein Priester erwiderte mit lauter Stimme: ›Ja, wir haben Goldmünzen dabei!‹

Das gefiel Dom Pedro offenbar, denn er hieß die Gottesmänner sofort an Bord willkommen. Sie sprachen eine Weile miteinander, und dann befahl Dom Pedro mir und noch ein paar Leuten, drei Boote zu Wasser zu lassen. Wir sollten wieder an Land rudern und das ›Gepäck‹ der Priester holen. Himmel und Hölle: Es waren viele Kisten, randvoll mit Kirchengerät, mit edelsteinbesetzten Kreuzen und mit unzähligen Goldmünzen.

Nachdem wir sie begutachtet, auf die ›Relampago‹ gebracht und Dom Pedro informiert hatten, wies er den Priestern mit aller Freundlichkeit, zu der dieser grimmige Pirat fähig war, ihre Kabinen zu.

Kaum daß sich die frommen Männer zur Ruhe begeben hatten, verstauten wir die Schätze in der Kapitänskajüte und packten statt dessen Steine, altes Eisen und Reste schwerer Ketten in die Kisten. Dann schickte Dom Pedro mich los, um die Priester zu holen. Als sie ihm gegenüberstanden, entschuldigte er sich wortreich bei ihnen. Der Wind stünde schlecht, und das Wetter sähe nicht danach aus, als ob ... und überhaupt wären die Pläne anders und so weiter und so fort. Kurz: Wir würden nun doch nicht nach Spanien reisen. Man möge ihm, Dom Pedro, verzeihen; seine Männer würden sie samt ihrer Kisten wieder hinüberbringen ans Ufer.

Ich kann mich heute nicht mehr daran erinnern, wie sie reagierten. Es ist auch nicht so wichtig. Jedenfalls schöpften sie keinerlei Verdacht, sondern fügten sich in das Unvermeidliche. Wir lichteten den Anker. Der liebe Gott, falls es ihn gibt, oder von mir aus auch der Teufel, einer von beiden schickte uns einen kräftigen Wind, der die Segel blähte und unser Schiff weit forttrug von den Priestern und dem Ort dieser unseligen Tat.

›Unser nächstes Ziel ist Acapulco!‹ bestimmte Dom Pedro, ständig auf der Flucht vor Kriegsschiffen. Doch die Spanier, die uns schnappen wollten, schafften es nicht. Einige Tage später nämlich meldete die Wache: ›Land in Sicht.‹

Aber es war nicht Acapulco, was wir da vor uns sahen, sondern eine kleine Insel, wild und romantisch, sehr bergig, tiefgrün, umsäumt von Palmen, verhangen von Regenwolken. Überall sprudelten Wasserfälle ins Meer, die Buchten, die wir beim Umrunden der Insel entdeckten, lagen versteckt und einsam; es schien uns, als sei die Insel unbewohnt. Ein

Paradies, so dachte ich ganz still bei mir, erfüllt mit Wehmut, denn ein wenig erinnerte mich dieses tropische Eiland plötzlich wieder an meine Heimat.
Bei einsetzender Ebbe konnten wir überblicken, daß es einige gefährliche Riffe rund um die Insel gab; so warteten wir den Tiefstand des Wassers ab, um dann in eine uns günstig erscheinende Bucht einzulaufen und vor Anker zu gehen.
›Das ist eine Fügung des Schicksals‹, sagte Dom Pedro an jenem Morgen. ›Es ist sowieso besser, wenn die Schätze für eine Weile verschwinden. Also werden wir hier alles vergraben, unser Versteck auf einer Karte markieren, die Lage der Insel aufzeichnen und jederzeit wieder hierherkommen, wenn wir etwas brauchen!‹
Keine zwanzig Meter hinter einem Palmenhain am nordöstlichen Strand der Insel hoben wir eine tiefe Grube aus, wickelten die Schätze in Segelleinwand, versenkten sie in der Erde und rollten einen verteufelt schweren Stein über das Versteck. Dom Pedro, der sich inzwischen eine genaue Lageskizze gemacht hatte, meißelte zum Schluß die Markierung ›D. P. I. 600 P‹ in den Felsbrocken und war mit uns und der Welt zufrieden. Noch am selben Tag nahmen wir wieder Kurs auf Acapulco. Es sollte meine letzte Fahrt auf der ›Relampago‹ sein. Doch das ahnte ich damals nicht.
Nach zehn Tagen brachten wir unweit der Küste ein kleines Segelschiff auf. An Bord trafen wir zwei mexikanische Fischer. Ich weiß nicht, ob es Feiglinge

waren, die um ihr Leben redeten, oder raffinierte Gauner, die auf leichte Beute hofften. Jedenfalls erzählten sie uns, ohne daß sie irgend jemand an der Kehle kitzelte, von einem Goldtransport, der auf dem Weg von Mexiko-Stadt nach Acapulco unterwegs sei. Dort warteten angeblich zwei Galeonen, die das Gold nach Spanien bringen sollten.
Dom Pedro ließ sich nicht anmerken, ob er ihnen glaubte. Immerhin aber schickte er mich und meinen Kumpanen Alonso mit dem Segelboot der Mexikaner ans Festland, um Näheres über den Goldtransport in Erfahrung zu bringen.
Ich will an dieser Stelle, Teufel auch, nicht mähren wie ein altes Weib über jedes Weh und Ach. Es war schließlich unsere eigene Schuld, daß wir uns in einer Hafenkneipe in eine wüste Keilerei verwickeln ließen und Wochen brauchten, bis wir wieder auf den Beinen waren. Aus der Traum, denn noch während Alonso und ich in einer schäbigen Herberge aushalten mußten, erfuhren wir, daß ausländische Piraten zwei spanische Galeonen überfallen und ausgeraubt hatten. Natürlich wußten wir sofort: Das waren wir, nur ohne uns. Das waren Dom Pedro und unsere Kameraden. Möglich, daß sie uns längst für Verräter hielten. Wir sollten sie niemals wiedersehen.
Zwei Jahre lang arbeiteten Alonso und ich in den Silberminen des Landesinnern. Als wir etwas Geld beisammenhatten, machten wir uns auf nach Vera Cruz. Wir hofften, dort etwas über Dom Pedro, seine Mannschaft und das Schiff erfahren zu können. Doch

Alonso, der mir im Laufe der Zeit ein treuer Kamerad geworden war, wurde noch während unserer Erkundigungen vom Fieber befallen und starb kurz darauf. Der Teufel sei seiner armen Seele gnädig.
Was ich wenig später hörte, versetzte mir dann den zweiten schweren Schlag: Auch ›Dom Pedro mit dem blutigen Schwert‹ lebte nicht mehr. Die ›Relampago‹ war in der Karibik von einem englischen Kriegsschiff gefaßt, die Mannschaft nach Jamaika verbracht worden, und Dom Pedro hatte sich, noch bevor man ihm den Prozeß machen konnte, eine Kugel durch den Kopf geschossen. Der Teufel sei auch seiner Seele gnädig.
Inzwischen weiß ich, was die beiden spanischen Galeonen an Bord gehabt haben sollen – nämlich nicht nur sechs Millionen Goldmünzen und 2750 Goldbarren, sondern dazu noch 175 Tonnen Silbermünzen und fast dreihundert Schwerter mit goldenen Griffen, über und über besetzt mit Edelsteinen. Das alles haben die Piraten der ›Relampago‹ nach dem Überfall auf der Kokosinsel vergraben, doch es hat ihnen nichts genützt. Nachdem die Engländer sie schließlich gefangengenommen hatten, endeten die meisten Piraten am Galgen. Nur zwei ihrer Offiziere, so hörte ich, konnten entkommen.
Wer weiß, vielleicht hätte ich es auch geschafft und wäre heute ein reicher Mann. Bevor Dom Pedro die kostbare Fracht der Galeonen auf der Kokosinsel versteckte, bekam nämlich jeder Mann seinen Anteil von der Beute. So aber mußte ich mich wieder mal

mit leeren Taschen bis nach Lissabon durchschlagen und arbeitete noch drei Jahre lang bei einer Walfangflotte.
Am Ende ging ich in Faial an Land und nahm mir ein hübsches Weib zur Ehefrau. Unser Sohn starb kurz nach seiner Geburt. Doch wir hatten noch eine Tochter. Sie heiratete in frühen Jahren, und ich versuchte, ihren Mann dazu zu bringen, mit mir auf die Schatzinsel zu fahren. Aber er war ein feiger Hund, ein nutzloser Lump. Wie gut, daß meine Tochter einen Sohn geboren hat. Manoel, der kleine Manoel. Meine einzige Hoffnung ist, daß er einmal die Schätze heben wird, wenn er herangewachsen ist!«
Hier enden die Aufzeichnungen des portugiesischen Piraten, die für seinen Enkelsohn und auch für ein paar andere Menschen mehr zu einem wichtigen Dokument bei der Schatzsuche auf der Kokosinsel werden sollten.

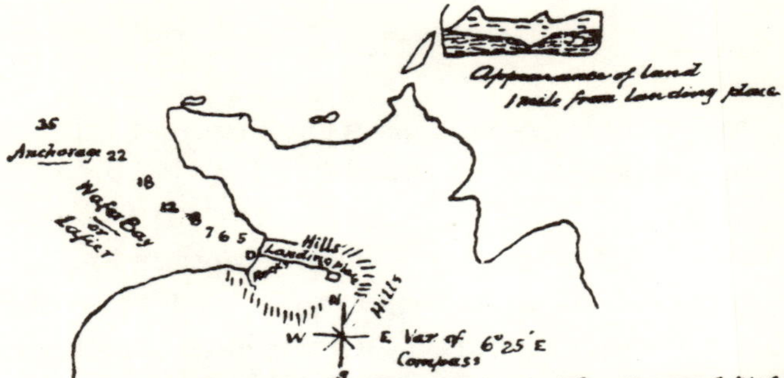

No landing should be made with wind from seaward. Wafer Bay should be entered in 35 fathom of water SE by E 3/4 E. The land should [be] seen to open in two places into an open plateau with hills on ei[ther] side covered with undergrowth and tall trees but taking the centr[e] of the places for 1/2 hour's walk will find cave in rock with a sma[ll] fresh water stream springing from entrance. Inside cave 150 pac[es] to right stone slab leading to cave below. Cargo buried 6 feet under surface of lower cave. Top cave gives signs of floor caving in that case the stream will flood the lower cave

Capt Morgan
Capt Thompson
Hammond Smith } October 22nd 1820

This is a rough sketch of the chart and appearance of land as ma[de] by me H Smith, by order of Capt Thompson.

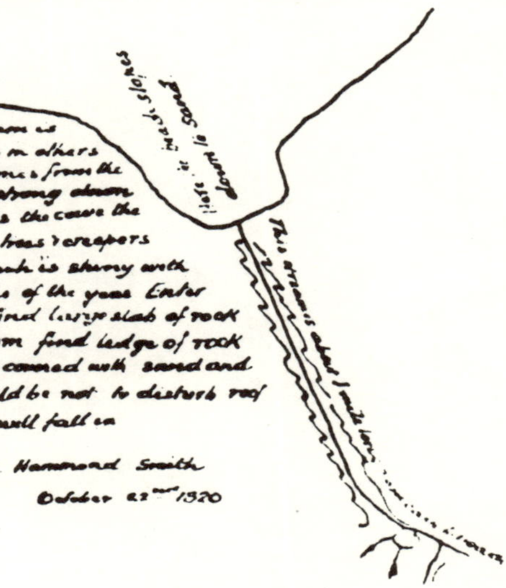

The stream flows NW . SE
Landing should be made on the right bank. The stream is about 3 feet wide in places in others it is hidden by sand, it comes from the mouth of the cave rather strong down hill into a pool. Towards the cave the land is rather high with trees & creepers overhanging the rocks which is showy with rain which lasts 8 months of the year. Enter cave to right 130 paces find large slab of rock wade through pool at bottom find ledge of rock left of hole in roof. Boxes covered with sand and wood of trees. Care should be not to disturb roof of lower cave because it will fall in

(Sd.) W. S. Hammond Smith
October 22nd 1820

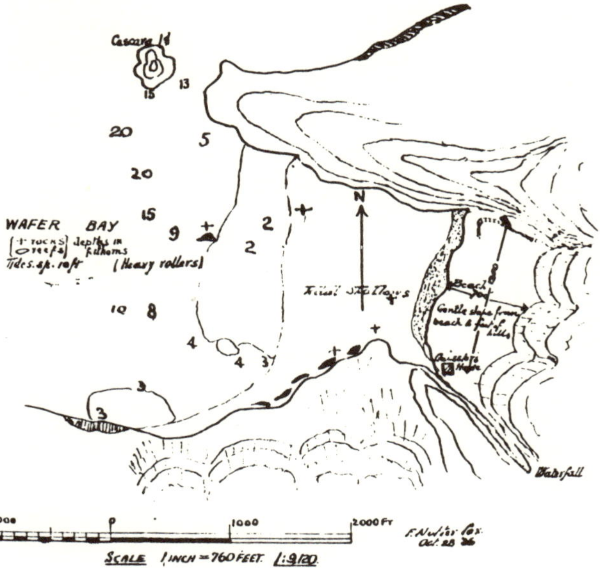

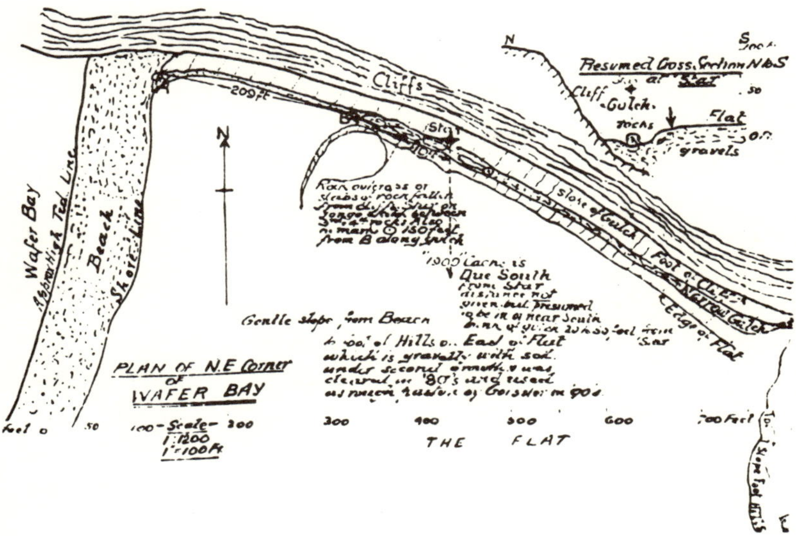

Navigationshinweise zum Ansteuern und Ankern auf alten Schatzsucher-Seekarten und Skizzen

Der Lima-Schatz

Wurde bisher nur von Schätzen berichtet, deren Herkunft, Umfang und Wert nicht mehr ganz genau zu ermitteln sind, geht es nun um den Lima-Schatz, dessen Geschichte man in den Archiven nachlesen kann und der, zu Recht, als einer der kostbarsten Schätze der Menschheitsgeschichte gilt. Seinen Anfang nahm das »Abenteuer Lima-Schatz« in einer Augustnacht des Jahres 1821. Damals bekam der schottische Kapitän James Thompson den Auftrag seines Lebens. Einen Auftrag, der den Schotten zu einem reichen und zugleich armen Mann machte, zu einem Mächtigen und Machtlosen, zu einem Ausgestoßenen, Abenteurer und Todeskandidaten. Kapitän Thompson war mit seinem Schiff »Mary Dear« aus Bristol nach Peru gekommen und lag seit einigen Tagen im Hafen von Callao vor Anker.
Am späten Abend, die Mannschaft hatte Landgang, klopfte es an der Tür zur Kapitänskajüte. Kapitän Thompson, ein bulliger Mann Mitte Vierzig, mit schönem Bart und schlechtem Benehmen, hatte keine Lust, jemanden zu sehen. Er antwortete nicht, beugte

sich noch ein bißchen tiefer über die Landkarte von Südamerika, die er gerade studierte. Seit drei Jahren handelte er nun schon an dieser Küste, galt als zuverlässig und sehr geschäftstüchtig. Er nahm jeden Auftrag an, der sich ihm bot, denn er war Mitinhaber des Schiffes, und jeder Transport bedeutete zusätzlichen Gewinn.
Die Mannschaft der »Mary Dear« bestand aus fünfzehn Seeleuten: Neben Kapitän Thompson gab es noch den Maat, den Lukenmeister, einen Schreiner und Segelmacher, den Koch, neun Matrosen und Schiffsjungen. Seine Leute schätzten Thompson, ohne ihn besonders ins Herz geschlossen zu haben; es war eine Art von Respekt vor Person und Rang, ein Respekt freilich ohne Furcht. Was viele jedoch verärgerte, ja, was einige sogar haßten an ihm, war sein unkonventioneller, manchmal unberechenbarer Stil, das Schiff zu führen, seine sprunghaften Entscheidungen, die er oft von einem Tage zum anderen, manchmal sogar innerhalb weniger Stunden widerrief. Darauf angesprochen, antwortete er stets: »Erledigt, vorbei. Es ist, wie es ist!«
Kapitän Thompson war in Gedanken versunken, als es erneut an seiner Tür klopfte, dieses Mal etwas bestimmter und kräftiger. Er lehnte sich in seinem englischen Teakholzsessel zurück und brummte ärgerlich: »Was gibt's?«
Von draußen kam die Stimme eines Matrosen: »Verzeihung, Kapitän ... hier ist ... ein Besucher für Sie ...«

»Ich erwarte keinen Besuch!« antwortete Thompson, doch schon im selben Moment hörte er einen zweiten Mann mit scharfer Stimme sagen: »Señor, es wäre sehr höflich von Ihnen, wenn Sie aufmachten!«
Ein Spanier, dachte der Kapitän, ein Auftrag. Er stand auf und öffnete. Dort stand, nur vom schwachen Licht einer Petroleumlampe beleuchtet, ein nobel gekleideter Mann, der in der einen Hand seinen Hut, in der anderen ein Bündel Papiere trug.
»Guten Abend, Sir!« nuschelte Thompson. »Bitte, treten Sie ein!«
Der Fremde kam in die Kajüte und setzte sich gemeinsam mit Thompson an den Tisch. Die Südamerika-Karte wurde zur Seite geräumt, und nachdem der Matrose die Tür hinter sich geschlossen hatte, begann der Gast zu sprechen: »Ich bin in geheimer Mission hier«, erklärte er leise, »und komme als Abgesandter des spanischen Vizekönigs direkt aus Lima.«
Thompson war ein welterfahrener Seemann, ein alter Fuchs, der sich nicht zu schnell beeindrucken ließ, und wenn ihn denn doch etwas in Aufregung versetzte, ließ er sich dies nicht anmerken. So faßte er sich auch jetzt gemächlich an den Bart und fragte: »Wollen Sie einen Whisky trinken, Sir?«
Der Spanier lehnte ab: »Ich, wir alle sind in großer Eile, Señor. Ersparen Sie mir und sich alle Höflichkeitsformeln und lassen Sie uns sogleich zum Wesentlichen kommen!«
Mit einer zustimmenden Handbewegung forderte Kapitän Thompson den Spanier auf, sein Anliegen vor-

zutragen. »Es geht um den größten Schatz, den menschliche Augen jemals sahen!« erklärte dieser. »Und Sie, Kapitän Thompson, sollen ihn für den Vizekönig und das spanische Königreich in Sicherheit bringen!« Dann erzählte der Spanier dem Schotten die Geschichte des Schatzes:

Zwei Jahrhunderte lang beherrschte Spanien große Teile Mittel- und Südamerikas. Länder wie Ekuador und Kolumbien, Mexiko und Peru wurden damals von Vizekönigen regiert. Diesen Statthaltern der königlichen Macht in den Kolonien waren Gouverneure unterstellt, die ein erschreckend perfekt organisiertes System der Ausbeutung praktizierten: Steuern für Spanien wurden in Form von wertvollen Kult- und Kunstgegenständen eingetrieben und in Form von Bodenschätzen – Silber aus den Minen von Potosi im heutigen Bolivien, Gold aus den entlegenen Tälern der Hochanden, Smaragde aus Kolumbien.

Doch der Transport nach Europa bereitete den Konquistadoren und ihren Nachfolgern immer größere Probleme. Zum einen lauerten auf dem Meer die Piraten wie Haie auf ihre Opfer. Zum anderen breitete sich seit dem Jahre 1806 die revolutionäre Bewegung der scheinbar Machtlosen gegen die anscheinend Allmächtigen immer stärker aus.

Die Revolution wurde zum Krieg, der an Land und zu Wasser geführt wurde. 1820 fand unter dem Befehl von José de San Martín und unter dem Flottenkommando von Admiral Thomas Lord Cochrane die Befreiung des von Spanien verwalteten Chile statt.

Ein Jahr später setzte San Martín zum Sturm auf Lima an.
Bislang hatten die spanischen Machthaber Männer wie José de San Martín oder Simón Bolívar unterschätzt, die Rebellion in den Kolonien für Strohfeuer gehalten, das nach kurzem Aufflackern wieder verlöschen würde. Als Perus Vizekönig jedoch die Nachricht erhielt, daß die Eroberung der Hauptstadt unmittelbar bevorstünde, war er außer sich vor Angst, Panik und Wut. Ihn stürzen? Unmöglich! Die Macht Spaniens in Südamerika brechen? Unglaublich! Und vor allem: Was sollte jetzt mit den Steuer-Schätzen geschehen?
Bisher war in Lima alles Geld und Gold gehortet worden, weil die Unruhen einen Abtransport unmöglich gemacht hatten. Nun aber gab es offenbar keinen anderen Weg – die Reichtümer mußten sofort herausgeschafft werden. Der Vizekönig berief zu mitternächtlicher Stunde eine geheime Konferenz ein. Kirchenfürsten und Gouverneure kamen in seinem Palast zusammen und beratschlagten in größter Aufregung, was zu tun sei. Sehr bald war allen klar: In den Mauern der Stadt war nichts und niemand mehr sicher. Die Schätze mußten so schnell wie möglich verschifft werden.
Man einigte sich darauf, sie zunächst in das Hafenstädtchen Callao zu bringen. Callao, nur sieben Kilometer von Lima entfernt, war damals eine gut ausgebaute Festung, halbmondförmig angelegt, mit der geraden Seite zum Meer hin. Erker mit insgesamt 58

Kanonen schützten 31 Häuser, die Kirche und mehrere Hafengebäude. Ein sicherer Platz, so schien es. Wie sicher aber war er wirklich? Und: Wie lange sicher? Konnte die kleine Hafenstadt dem großen Ansturm der Rebellen widerstehen?
Der Vizekönig bestimmte: Callao wird offizielle Lagerstätte für die Schätze. Insgeheim aber sollte die kostbare Fracht in einer Nacht-und-Nebel-Aktion an Bord eines Schiffes gebracht werden, das so lange vor der Küste kreuzen müßte, bis die Bedrohung ein Ende hätte.
Nachdem über das Schicksal der Schätze entschieden worden war, wurden nun Münz-Prägereien und Lager geleert, Keller und Kirchen geräumt, selbst die Vergoldungen an den Kuppeln der Gotteshäuser abgekratzt. Was sich irgendwie bewegen ließ, wurde in Hunderten von schweren Kisten unter starker Bewachung nach Callao transportiert, und tatsächlich glaubten die Rebellen an die offizielle Version, wie aus einem Tagebucheintrag von Admiral Cochrane vom 19. August 1821 hervorgeht: »Die Spanier sind heute erleichtert und gestärkt, denn Limas Reichtum, welcher einen Wert von vielen Millionen Pfund hat, wurde sicher in dem Fort von Callao untergebracht.«
Der Wert – nach damaligen Schätzungen mehr als 60 Millionen Dollar – dürfte nach heutigen Berechnungen einige hundert Millionen Mark ausmachen. Ganz abgesehen von dem unschätzbaren kunsthistorischen Wert, denn da waren nicht nur die Schätze des Vizekönigs, nicht einfach nur Gold und Silber. Jede der

sechzig Kirchen, die es damals in Lima gab, hatte ihren eigenen Besitz an Goldmünzen und prachtvollen Gerätschaften, an Edelsteinen und Statuen. Bis hin zu dem wertvollsten Stück des »Lima-Schatzes« – einer lebensgroßen Goldfigur der Muttergottes, reich mit Edelsteinen besetzt und mehr als eine Tonne schwer.

Dies alles berichtete der Abgesandte des Vizekönigs dem Kapitän der »Mary Dear«. »Deswegen bin ich hier«, schloß er. »Sie, Kapitän Thompson, sollen den Auftrag übernehmen, den Schatz zu schützen. Entscheiden Sie sich schnell, es soll Ihr Schaden nicht sein!«

Thompson stand auf, ging ein paar Schritte in der kleinen Kajüte auf und ab und brummte schließlich: »Hmmm ... klingt interessant.« Wieder zögerte er etwas und sagte dann: »Ein interessanter Auftrag. Und ein gefährlicher!«

»Gefährlich? Für wen?« fragte der Spanier zurück.

»Für mich und meine Mannschaft und mein Schiff!« erwiderte Kapitän Thompson.

Der Spanier stand ebenfalls auf: »Es ist auch ein großes Risiko für uns. Wir überlassen Ihnen ein Vermögen. Aber wir vertrauen Ihnen, denn Sie arbeiten schon seit Jahren für unser Land.«

Nach einigem Hin und Her waren sich beide schließlich handelseinig und unterschrieben einen Vertrag, den der Spanier mitgebracht hatte. Kapitän Thompson sollte noch in derselben Nacht den Schatz an Bord nehmen und sofort in See stechen. »Sie kreuzen so

lange im offenen Meer, bis die Gefahr vorüber ist und wir Ihnen mit einem anderen Schiff ein Zeichen geben oder eine Nachricht übermitteln«, erklärte der Abgesandte des Vizekönigs. »Dann kehren Sie entweder nach Callao zurück oder laufen Panama an, um unseren Beauftragten dort den Schatz zu übergeben.«
Man vereinbarte zur Sicherheit für beide Seiten, sechs königstreue Bewacher und einige Priester mitzunehmen. »Ihre Hand auf diesen Handel, Señor!« sagte der Spanier und streckte seine Rechte dem Schotten entgegen.
Der Kapitän erhob sich, die beiden Männer schüttelten sich zur Besiegelung des Vertrages die Hände und gingen dann zur Tür. Als sie sie öffneten, versteckte sich der Maat der »Mary Dear« in einer Nische am Ende des Ganges. Er hatte das Gespräch belauscht.
»Halten Sie Ihre Männer in etwa einer Stunde bereit«, bestimmte der Besucher. »Dann werden wir hiersein. Wir und der Schatz.«
Er wollte sich verabschieden, doch Kapitän Thompson hielt ihn am Mantelärmel fest: »Das Geld, Sir, wann bekomme ich das Geld für diesen Auftrag?«
Der Gast drehte sich um und lächelte: »Das Geld erhalten Sie, wenn alles ein gutes Ende genommen hat!« Mit diesen Worten stieg er schnell die Holzstiege hinauf, um von Deck aus das Schiff zu verlassen.
Der Maat preßte sich noch etwas dichter gegen die Wand, hielt den Atem an und dachte: »Das Geld werden wir nun nicht mehr nötig haben!«

★

Es war eine gespenstische Szenerie: das Geflacker von Fackeln, schwankende Laternen, schwere Männerschritte auf Kopfsteinpflaster und Schiffsbohlen. Die Augustnächte in dieser Gegend sind zumeist sternenklar und fast hell, zu der Stunde aber, in der die »Mary Dear« beladen wurde, hatten sich Wolken vor den Mond und die Sterne geschoben.
Alles lag im Dunkeln, nur jene Stelle nicht, an der in großer Eile Kisten transportiert wurden, bewacht von schwerbewaffneten Spaniern und königstreuen Einheimischen. Eine düstere Spannung lag in der Luft. Man hörte nur das Schnauben der Pferde, das Laufen der Soldaten und Seeleute, Befehle wurden mit gedämpfter Stimme gegeben, Taue knirschten; irgendwo im schwachen Wind kreischten ein paar Möwen in die Schwärze der Nacht.
Oben an Deck stand Kapitän Thompson und wartete darauf, daß die Aktion zum Ende käme. Er schien ganz ruhig, und doch hatte ihn eine große innere Unruhe erfaßt. »Hoffentlich«, so dachte er, »haben wir uns damit nicht den Teufel an Bord geholt.« Seine Sorge war berechtigt. Unter Deck schmiedete der Maat der »Mary Dear« bereits finstere Pläne. Während er mit den anderen das Ladegut verstaute, grübelte er insgeheim darüber nach, wie er Kapitän und Mannschaft auf seine Seite bringen, die Wachen überrumpeln und den Schatz an sich nehmen könnte.
Der Maat war kein Hitzkopf, nicht dumm, nicht wankelmütig wie der Kapitän. Er war ein junger Mann aus gutem Hause, geboren im schottischen

Edinburgh. Sein Vater war begütert und finanzierte dem Sohn ein Medizinstudium. Doch schon bald stand für den Studenten fest: Arzt zu sein – das war für ihn kein Lebensziel. Er wollte Freiheit und Unabhängigkeit. Noch bevor er sein Praktikum als Mediziner begann, warf er alles hin und fuhr zur See. Während des Studiums hatte er sich bereits in seiner Freizeit mit Navigation beschäftigt. Diese Kenntnisse, seine wache Intelligenz und die Begabung, mit Menschen jeder Couleur umgehen zu können, brachten ihm sehr schnell Anerkennung und Erfolg bei Kapitän Thompson.

Schon nach wenigen Reisen mit der »Mary Dear«, auf der er in Bristol als Schiffsjunge angeheuert hatte, besaß er drei wichtige Dinge: den Rang »Maat«, eine Offizierskajüte und das Vertrauen des Kapitäns. Hinter der Maske des arbeitswilligen und erfolgsfreudigen Jungseemanns aus reichem Elternhause verbarg sich allerdings ein eiskalter Zyniker, von Geldgier besessen. Und das sollte in dieser Nacht allen klarwerden.

Kapitän Thompson hatte seiner Mannschaft absichtlich nichts über den wirklichen Inhalt der Kisten und Kästen, nichts über den Auftrag gesagt. Er wollte Unruhe und Versuchung vermeiden. Zwar wunderten sich einige Seeleute über die fremden Männer an Bord und über die Eile beim Laden und Ablegen. Nachdem das Handelsschiff aber die Hafenlichter von Callao weit hinter sich gelassen hatte, waren ihre Fragen längst vergessen. Bei wenig Wind und ruhiger

See entfernte sich die »Mary Dear« immer weiter von der südamerikanischen Küste.
Alles schien zu laufen, wie es besser nicht hätte laufen können. Doch an Deck hingen einige Männer unruhigen Gedanken nach. Kapitän Thompson überlegte hin und her, ob es klug gewesen war, diesen ungewöhnlichen Auftrag anzunehmen. Die spanischen Wachtposten malten sich alle möglichen Gefahren aus, die das Unternehmen bedrohen könnten. Argwöhnisch beobachteten sie die Lukendeckel, horchten auf das kleinste Geräusch und wechselten sich alle paar Stunden ab, weil jeder den Lima-Schatz ausgeruht beschützen sollte.
Der Maat hatte seinen Plan mittlerweile gründlich überlegt und befahl einem Schiffsjungen, die Mannschaft unauffällig in seine Kajüte zu beordern. Wenige Minuten später standen alle Männer, die abkömmlich waren, vor ihm.
»Jetzt hört mal gut zu«, sagte der Maat, nachdem er sich vergewissert hatte, daß keiner der Wachtposten in der Nähe und seine Kajütentür gut verschlossen war. »Wißt ihr überhaupt, was da unten im Lagerraum ist?«
Die Männer redeten und murmelten durcheinander: »Keine Ahnung ...« – »Was soll denn da schon liegen?« – »Mir doch egal!«
Die Augen des Maats blitzten: »Da unten im Stauraum unserer guten alten ›Mary Dear‹ liegt der Lima-Schatz!«
Ein Seemann fragte: »Was ist das denn – Lima-

Schatz?«, ein anderer rief: »Wessen Schätzchen?«, und nun gröhlten alle lachend durcheinander.

»Maul halten!« zischte der Maat. »Sofort das Maul halten! Da liegen Millionen, die Spanien den Indianern geraubt hat. Silber und Gold, jede Menge Barren und Münzen. Und wir werden es den Spaniern rauben! Versteht ihr, was ich meine?«

Die Männer schienen zu verstehen, schwiegen betroffen. Der Maat spielte seinen größten Trumpf aus: »Es ist ein Kinderspiel. Der Schatz liegt ja einfach hier herum. Und er reicht für uns alle bis ans Lebensende!«

Wieder herrschte für wenige Sekunden Schweigen, dann fragte der Koch: »Aber was ist mit den Wachen?«

Der Maat antwortete fast flüsternd: »Was mit denen ist? Die gehen zur Hölle!«

»Und der Käpt'n?« wollte ein Matrose wissen.

»Der Kapitän«, entgegnete der Maat und ließ dabei jede Silbe des Satzes auf der Zunge zergehen, »der ist auf unserer Seite. Was sonst?« Dabei zog er den linken Zeigefinger wie ein Messer über seine Kehle.

Nun verriet er der Mannschaft endlich seinen Plan: Als nächstes würden er und drei weitere Männer den Kapitän aufsuchen, um ihn zu »überreden«. Unterdessen sollten die anderen aus der Mannschaft, die jetzt nicht da waren, informiert werden. »Und mit den Wachen machen wir kurzen Prozeß: ohne Mitleid, Männer, sie hätten mit uns auch keines!«

»Verteilen wir danach die Beute?« fragte der Koch.

»Idiot! Du gehst zurück an deine Töpfe. Wie alle anderen machst du deine Arbeit so, als wäre nichts geschehen!« fuhr ihn der Maat an, und dann erklärte er seinen Leuten, wie er sich die Sache weiter vorstellte: »Auf jeden Fall muß der Schatz vom Schiff und irgendwo versteckt werden. Um Kap Hoorn herum zurück nach England zu segeln, das ist viel zu gefährlich. Überall sind Seeräuber! Und überall ist Admiral Cochrane mit seiner Flotte!«
Außerdem, so fügte der Maat hinzu, hätten sie nicht genügend Proviant an Bord. Der Koch nickte und wollte auch etwas dazu sagen, aber der Maat schnitt ihm das Wort ab: »Einen Hafen in der Nähe anzulaufen ist ebenfalls nicht möglich, denn die gesamte Küste ist entweder in der Hand der Königstreuen oder der Revolutionäre. Die aber haben das Geld bestimmt nötig und werden sich eine solche Gelegenheit nicht entgehen lassen.«
»Bringen wir den Schatz doch auf die Galapagos-Inseln«, rief ein Matrose aufgeregt dazwischen. »Die sind nicht weit von hier.«
»Auf die Idee würden die Leute auf den Suchschiffen wohl auch kommen«, sagte der Maat und winkte ab. »Nein, ich weiß etwas Besseres. Ich habe da von einer Insel gehört – die heißt Kokosinsel. Wir können sie von hier aus auch gut erreichen. Angeblich ist sie ein sehr günstiger Platz, um einen Schatz zu vergraben und ihn später auch wiederzufinden. Ich meine, wir sollten es mit der Kokosinsel probieren.«
Die Mannschaft, die zusammengenommen nicht an-

nähernd soviel Abgebrühtheit und Intelligenz besaß wie der Maat, stimmte dem Plan begeistert zu. Zwei Stunden später, noch vor Anbruch des Morgens, wollten sie sich an dieser Stelle wiedertreffen und dann losschlagen. Inzwischen begab sich der Maat mit drei Matrosen zum Kapitän.
James Thompson saß bereits wieder über seinen Karten, als der kleine Trupp plötzlich ohne anzuklopfen in seine Kajüte eindrang. Mit grimmigen Mienen bauten sich die Männer vor ihm auf, so, als gelte es nicht, jemanden mit Worten zu überzeugen, sondern mit Gewalt zu zwingen.
Die wissen von dem Schatz, schoß es dem Kapitän durch den Kopf, die wollen ihn haben. Er tat so, als habe er noch eine Kurskorrektur einzutragen, und überlegte fieberhaft, was zu tun sei. »Da gibt es nur einen Weg«, dachte er sich schließlich. »Ich muß ihnen den Wind aus den Segeln nehmen.«
Er schaute vom Kartentisch auf und rief mit fester Stimme: »Also, Teufel noch mal, ihr wollt an die Fracht?«
Kapitän Thompsons hellseherische Fähigkeiten verschlugen den Seeleuten die Sprache. Nur der Maat fand sie schnell wieder: »Richtig, Kapitän! Wir übernehmen die Ladung, und Sie haben die Wahl – mitzumachen oder . . .«, er zog ein Messer aus dem Hosenbund, ». . . für immer auszusteigen!«
»Du enttäuschst mich, Junge. Ich hatte dich für intelligenter gehalten. Was du hier veranstalten willst, ist Meuterei. Und das auf eine ganz plumpe Art. Meute-

rei und Raub eines Schatzes, der dem spanischen König gehört. Das bringt dir den Henker an den Hals. Und euch auch!« Dabei zeigte er auf die anderen drei, und die gingen vor Schreck auch sofort ein paar Schritte zurück.
Der Maat jedoch trat noch näher an den Kapitän heran: »Ich möchte Sie einen Moment allein sprechen.«
Thompson stimmte zu, und der Maat schickte seine Kumpanen fort: »In zwei Stunden am verabredeten Platz. Seid pünktlich!«
Niemand weiß genau, wie das Gespräch der beiden Kontrahenten verlief, aber es muß eine heftige Auseinandersetzung gewesen sein. Immer wieder drangen laute Wortfetzen durch die verschlossene Tür, und ein paarmal donnerte jemand mit der Faust auf den Tisch. Doch das Ergebnis sprach für sich: Der Kapitän war auf der Seite des Maats und der Mannschaft, machte mit bei jenem blutigen Geschehen im Morgengrauen.
Noch ehe die Sonne aufging, wurden die Königstreuen, die Wächter und Priester, in einem Überraschungsangriff niedergemetzelt. Die Männer der »Mary Dear« schnitten den Opfern die Kehle durch, erstachen und erschlugen jene, die sich wehrten, genauso wie solche, die sich ergeben hatten, und warfen alle Toten ins Meer. Schaumgekrönte Wellen verschluckten krachend die Leichen, und in Windeseile wimmelte es um das Schiff herum von Haien.
Die Bande an Bord hatte für das, was draußen ge-

schah, wenig Sinn. Sie war drinnen in den Lagerräumen mit dem Schatz beschäftigt. Die Kostbarkeiten wurden beguckt und befühlt, geprüft und geschätzt, und über alles und allem wachte der Maat. Nach Sonnenaufgang rief der Kapitän wieder zur Arbeit und befahl: »Kurs auf Kokos!«

Ein paar hundert Meilen mußte die »Mary Dear« noch zurücklegen, dann war sie vor der Insel angelangt und ging in der Chatham-Bucht vor Anker. Der Maat und zwei Matrosen ruderten mit einem Beiboot an Land, um ein sicheres Versteck zu erkunden. Wieder war es der Maat, der genau wußte, was er wollte. Es sollte ein Platz sein, an dem sie den Schatz nicht allzu tief vergraben mußten, um ihn nach ein oder zwei Jahren problemlos heben zu können – eine Stelle, die zwar nahe am Wasser und gut zugänglich war, aber dennoch so verborgen lag, daß man beim Ein- oder Ausgraben nicht gesehen wurde. Außerdem brauchte man einen festen Untergrund, damit das schwere Gold und Silber nicht allmählich in Sand oder Schlamm versank, und schließlich sollte irgendein markanter Punkt vorhanden sein, der das Wiederfinden erleichtern würde.

Die Zeit drängte, doch die Männer hatten auch nach mehreren Stunden immer noch nichts Rechtes gefunden. Bis die Ebbe einsetzte. Das ablaufende Wasser legte ein steiles Felsenstück frei, das vorher nicht zu sehen war. »Das ist er«, rief der Maat den anderen zu, »der Anhaltspunkt für unser Versteck!«

Er blickte durch sein Fernrohr und visierte in einer

Linie einen anderen Felsen am Ufer an, von dem aus sie den westlichen Zipfel der Chatham-Bucht erreichten. Dort fanden sie ein kleines Riff auf felsigem Untergrund, mit ein paar Fuß Sand bedeckt und vielen losen Steinen.

»Räumt die Steine beiseite!« befahl der Maat. Dann holten die Männer Verstärkung von Bord und hoben ein riesiges Loch aus: Die enorme Menge von 27 Tonnen Edelmetall mußte es fassen.

Unzählige Male wurden nun die Beiboote beladen und entladen, bis schließlich alles versteckt war – einschließlich der Goldmadonna, die zuvor in Stücke zersägt worden war. Eine Ebbe, eine Flut und noch eine Ebbe vergingen, dann war das Erdloch wieder verschlossen, abgedeckt mit Segeltuch und Zedernholzplanken.

Kapitän Thompson aber wollte das Ganze noch sicherer machen: »Männer, ich schlage vor, daß wir einen Stein darauflegen, der alles verdeckt!«

»Einen einzigen Stein?« fragte der Lukenmeister. »Das muß aber ein verdammt großer sein!«

»Ja, ein verdammt großer«, antwortete der Kapitän, »einer, den kein anderer wegschieben kann. Einer, so groß wie der da drüben!« Dabei deutete er auf einen Felsbrocken, der einige Meter im Durchmesser maß.

»Wie sollen wir den hier herüberbekommen?« wollte der Lukenmeister wissen.

»Wir holen einen Flaschenzug von Bord, und dann an die Arbeit!« entschied Thompson.

So schafften sie es zu guter Letzt, auch noch den

tonnenschweren Stein auf das Versteck zu wälzen, und um ihn später bestimmt wiederfinden zu können, schlug der Maat obendrein mit Hammer und Meißel einen Anker in den Stein.
Inzwischen war es Nacht geworden. Die Männer saßen erschöpft am Strand und betrachteten ihr Werk im Licht der Fackeln. Der Maat hatte im Auftrag des Kapitäns an die ganze Mannschaft Goldmünzen verteilt, einen ersten Lohn, der ihnen das Warten auf den Schatz erleichtern sollte. Damit hatte sich ihre Gier nach Gold vorerst gelegt. Nun waren sie hundemüde vom Morden und Graben und doch zu aufgedreht, um einfach im Sand einschlafen zu können. Also schlugen sie mit ihren Macheten Kokosnüsse auf und tranken die Milch, gemischt mit Rum. Einige fingen an zu singen, um ihre Angst zu vertreiben, andere spielten mit den Münzen, wieder andere suchten Streit zum Zeitvertreib. Bald war ein tumbes Gegröhle in Gang, und je später es wurde, desto weiter hallte der Lärm der Ausgestoßenen über das nachtschwarze Meer.
Nur einer war ganz still und stumm, stand abseits, dachte nach – der Maat. Ja, vollkommen sah es aus, das Grab des Lima-Schatzes, das war ihm klar. »Aber vollkommen aussehen ist die eine Sache«, dachte er bei sich, »vollkommen sein die andere.« Er überlegte hin und her, aber ihm kam einfach nicht in den Sinn, was er übersehen haben könnte, und noch während er grübelte, schlief er ein.
Doch als er am nächsten Morgen erwachte und sofort nach der Schatzstelle sah, da wußte er, was nicht

stimmte: Beim Stein mit dem eingemeißelten Anker mündete ein Bach ins Meer, und wenn es nun wieder regnen würde, kräftig und ausdauernd, wie offenbar häufig auf der Kokosinsel, dann könnte aus diesem kleinen Wasserlauf irgendwann ein reißender Fluß werden. Ein Fluß, der Pflanzen mitreißt, Sand wegschwemmt und Steine, ein Fluß, der vielleicht sogar den Schatz freilegt!

Der Maat sprang auf, schüttelte sich den Sand von der Kleidung, stieg über ein paar schlafende Matrosen hinweg und ging im Morgenlicht landeinwärts, dem Verlauf des Bachbettes folgend. Das Rinnsal verlief in einer scharfen Rechtskurve, danach einige Zeit parallel zum Strand und führte schließlich nach einer weiteren Biegung in das Dickicht.

Der Maat hatte genug gesehen. Er kehrte zurück und schickte einen Matrosen mit dem Beiboot zur »Mary Dear«, um einige Fäßchen Pulver zu holen. In der Zwischenzeit informierte der Maat den Kapitän und weckte die anderen Männer: »Wir müssen ein paar Sprengungen vornehmen! Also auf, ihr faulen Hunde! Wer nicht mitkommt, geht in Deckung!«

Der Kapitän und zehn Mann blieben am Strand, während der Maat mit dem Rest der Mannschaft in den Urwald vordrang. Mit ihren Macheten schlugen sie an mehreren Stellen das Bachufer frei, bis sie zwei Punkte gefunden hatten, an denen das Wasser um Felsbrocken herumlief. Dort legten sie das Schwarzpulver und zündeten es. Als sich der Pulverrauch verzogen hatte, war der Maat endlich zufrieden. Der

Bach versickerte jetzt mit großem Abstand vom gut getarnten Versteck im Meer.
»Nun wird den Schatz niemand mehr entdecken«, rief der Maat schon von weitem, als sie an den Strand zurückkehrten. »Keiner kann ihn nehmen, außer uns!«
»Ja, keiner kann ihn nehmen – außer uns!« wiederholte der Kapitän leise und blickte auf das Meer hinaus, wo die »Mary Dear« friedlich vor Anker lag.

★

Sein nächstes Ziel hatte James Thompson schon klar vor Augen. Bis sich hier alles beruhigt hatte, würden sie für eine Weile nach England zurückkehren. Vorher allerdings brauchten sie dringend Proviant – und den, so dachte er sich, bekämen sie am schnellsten in Südamerika. Wie oft sollte er diesen Plan später noch verfluchen, doch er hatte nun einmal Kurs auf die Küste genommen und wurde auf dem Weg dorthin schon wenig später von einem spanischen Kriegsschiff aufgebracht.
War es Schicksal, Zufall oder die gerechte Strafe? Auf jeden Fall wußte der Kommandant des Kriegsschiffes von dem geheimen Vertrag, den sein König mit Kapitän Thompson geschlossen hatte, und ließ die »Mary Dear« durchsuchen. Als er erfuhr, daß der Lima-Schatz verschwunden war, halfen keine Ausreden mehr, war jeder Widerstand zwecklos. Thompson, der Maat und die gesamte Mannschaft wurden festge-

nommen, nach Panama gebracht und dort vor Gericht gestellt.

»Mord und Piraterie – und das von Engländern, denen wir vertrauen!« empörte sich der spanische Richter. »Tod durch den Strang für alle!«

Schon am nächsten Tage sollte das Urteil vollstreckt werden, und es war wie immer im Leben: Die Kleinen hängt man am schnellsten. Also fingen sie mit den Schiffsjungen an, dann kamen die Matrosen. Der Koch wimmerte um sein Leben – vergeblich. Der Lukenmeister gab angesichts des Galgens schon gar keinen Ton mehr von sich, und nur der Schreiner bat darum, seiner Familie in England eine Nachricht hinterlassen zu dürfen. Als die Reihe an den Maat und den Kapitän kam, machte der Henker eine Pause.

Ein Spanier trat auf die Todeskandidaten zu und sagte: »Wir schlagen euch Bastarden ein Geschäft vor – euer Leben für das Versteck!« Bis zu diesem Zeitpunkt nämlich hatte niemand verraten, wo genau der Schatz geblieben war. Zwar hatten der eine und der andere in Angst und Todesnot etwas von der Kokosinsel gestammelt, von der Chatham-Bucht und dem Stein mit dem Anker. Doch das half den Königstreuen kaum weiter. In der Chatham-Bucht gab es schon damals zahllose Steine, in die mehr oder weniger harmlose Besucher Namen und Zeichen, ja, sogar Anker eingehauen hatten. Wie sollten die Spanier da den richtigen Platz ausmachen? War es nicht viel einfacher, jene beiden Männer am Leben zu lassen, die sie zum Schatz führen konnten?

Thompson und der Maat willigten in den Handel ein und waren wenige Tage darauf erneut zur Kokosinsel unterwegs. Nachdem das spanische Schiff in der Chatham-Bucht vor Anker gegangen war, brachten schwerbewaffnete Soldaten die beiden Gefangenen an Land. Unter strengster Bewachung machten sich die Engländer auf den Weg. Und wieder einmal war es der Maat, der die Initiative ergriff. Erst ließ er sich von den Spaniern einen Kompaß und ein Fernrohr geben, dann verlangte er Papier und Stift: »So ohne weiteres läßt sich das Versteck nämlich nicht ausmachen.«

Seinen Bewachern erschien das einleuchtend, und sie beobachteten aus einigen Metern Entfernung, wie er am Strand herumkroch und kritzelte, suchte und schrieb. Doch der Maat notierte auf dem Blatt Papier keine Zahlen, sondern einen einzigen Satz, den er nun seinem Komplizen hinhielt: »Wir hauen ab!«

James Thompson sank erschrocken in die Knie, und während sich beide Männer nebeneinander über den Sand beugten, deutete der Maat hinüber zum Urwald, der direkt hinter dem schmalen Strandstück begann.

»Das ist doch unmöglich«, flüsterte Thompson, »die werden uns suchen!«

Der Maat schüttelte den Kopf und antwortete leise: »Aber niemals finden. In diesem Dickicht ist es unmöglich, zwei Männer aufzustöbern, die sich vorgenommen haben zu verschwinden!«

»Porquería ...«, schimpfte ein Soldat, »... was habt ihr zwei dort zu tuscheln?«

Der Maat richtete sich auf und antwortete wahrheitsgemäß: »Wir sind uns uneinig darüber, in welche Richtung wir gehen müssen!«
Der Soldat rief: »Ihr solltet euch aber ganz schnell einigen. Sonst befördern wir einen von euch beiden in Richtung Hölle! Und der andere wird uns das Versteck zeigen! Also überlegt's euch! Und jetzt Ruhe! Und weitersuchen!«
»Die sollen allein weitersuchen. Uns – und von mir aus auch den Schatz«, zischte der Maat Thompson zu und sprang, ehe sich alle anderen versahen, mit einem Riesensatz mitten ins Lianengestrüpp. Thompson, so hellwach wie nie, hechtete ihm hinterher. Während die Soldaten am Strand noch aufgeregt durcheinanderschrien, krochen die beiden schon durch Schlamm und Morast, verhedderten sich in Farnen und Schlingpflanzen, sprangen über Felsspalten, kletterten an steilen Wänden empor, schwammen durch Wasserbecken, zertraten Blüten, verscheuchten Tiere. Irgendwo krachten Musketen.
Zwei Tage lang suchten die Soldaten die Insel ab – ohne Erfolg. Schließlich gab der Kommandant Befehl, Anker zu lichten. »Wir lassen zwar den Schatz zurück«, sagte er sich im stillen, »aber auch zwei Verbrecher, die sich selbst in die Verbannung geschickt haben. Das geschieht ihnen recht. Sie werden dort einsam sterben müssen!«

★

Der Spanier hatte sich getäuscht. Die Abtrünnigen starben nicht auf der Kokosinsel. Sie ernährten sich von Kokosnüssen, Vogeleiern und Fischen, tranken Quellwasser und lebten so mehrere Monate lang, immer in der Hoffnung auf ein Schiff.

Irgendwann im Jahre 1822 war es soweit. Walfänger landeten auf der Insel, um Süßwasser zu holen, und stießen dabei auf Thompson und den Maat. Die beiden hatten inzwischen eine abenteuerliche Geschichte zurechtgedichtet, in der sie sich so überzeugend als Schiffbrüchige ausgaben, daß ihnen die Seeleute glaubten und sie mit an Bord nahmen.

In Puntarenas, Hafenstadt im nahegelegenen Costa Rica, verließen die Geretteten das Walfangschiff, und von nun an verlieren sich ihre Spuren. Der Maat der »Mary Dear« soll sehr bald an Gelbfieber gestorben sein. Ob er jemals einem anderen Menschen vom Lima-Schatz erzählte, läßt sich heute nicht mehr feststellen. Nur soviel ist sicher: Kapitän Thompson nahm sein Geheimnis nicht mit ins Grab.

Die Geschichte der »Mary Dear«, die Geschichte des Maats, dessen Name nirgendwo erwähnt wird, die Geschichte vom Raub des Lima-Schatzes – all das, was sich so oder ähnlich zugetragen haben muß, hat hier ein Ende. Aber einzelne Fäden dieses Stoffes, gewirkt aus Seemannsgarn und nachprüfbaren Verstrickungen, ziehen sich weiter durch unsere Geschichte. Ich habe einen nach dem anderen aufgenommen, um das Geheimnis der Schatzinsel eines Tages vielleicht doch noch zu lüften.

John Keatings Geheimnis

Wie und wo James Thompson die folgenden Jahre verbrachte, weiß heute niemand mehr genau zu sagen. Doch knapp zwei Jahrzehnte später tauchte er wieder auf – in St. John's auf der Insel Neufundland.
Er war inzwischen ein alter Mann, geplagt von seinem Gewissen und der Gewißheit, sein Leben als Ehrenmann verpfuscht zu haben, noch mürrischer, verschlossener und unfreundlicher als je zuvor. Seine einst so stattliche Figur war eingefallen, der früher schöne Bart grau und ungepflegt, und vielerlei Krankheiten quälten den Kapitän so arg, daß er sich an manchen Tagen kaum noch aufrecht halten konnte. Ein Bett, das war fast das einzige, was er noch besaß. Es stand in der Dachkammer eines windschiefen Hauses am Hafen von St. John's. Dort lebte der einzige Freund, der James Thompson geblieben war – ein Fischer namens John Keating.
Nach den zwanzig Jahren des Herumirrens, in denen Kapitän Thompson mal hier, mal dort gelebt hatte, irgendwo und im nachhinein doch nirgendwo auftauchte, versteckt, verloren in einer unerforschlichen

Vergangenheit, nach zwanzig Jahren also fand er in Keatings Haus einen Ruheplatz.
Dort oben unterm Dach, wo nachts der Wind heulte, unter einer kleinen Fensterluke, durch deren trübe Scheibe er gerade noch die Enge von St. John's und die Weite des Meeres erkennen konnte, dort verbrachte James Thompson den Rest seiner Tage. Nur selten ging er hinaus auf die Straße, an den Hafen oder in irgendeine Kneipe.
Keatings Frau kam ein- oder zweimal am Tage die Stiege hinauf und klopfte an die Tür. Das vergaß sie nicht mehr, seit der Kapitän ihr einmal tobend befohlen hatte, niemals, aber auch wirklich niemals sein Zimmer zu betreten, ohne daß er »Herein!« gerufen habe. Sie brachte Thompson dann ein wenig Brot mit gepökeltem Fleisch, mal eine Suppe, manchmal nur etwas Tee. Gelegentlich verlangte der Alte nach Rum, und jedesmal sagte er, wenn sie wieder gehen wollte: »Ich zahle für alles!«
»Ja«, murmelte sie dann, »ja, ja . . .« und ging hinunter in ihre Küche. Und jedesmal fragte sie sich: »Wie will er es nur bezahlen? Er hat doch nichts!«
Wenn sie ihren Mann darauf ansprach, entgegnete der nur: »Rede nicht davon!«
Doch sie fuhr dann fort: »Wir haben doch selbst kaum genug. Er hat eine Unterkunft bei uns, und wir teilen unser Essen mit ihm. Er muß uns etwas dafür geben!«
Er jedoch winkte immer wieder ab: »Er ist mein Freund, er muß mir kein Geld geben!«

So selbstlos, wie er vor seiner Frau tat, war John Keating aber keineswegs. Fast jeden Abend nämlich ging er hinauf unters Dach und entlockte dem Kapitän beim Rum jedesmal ein bißchen mehr von dessen Geheimnis. Und eines Nachts schließlich sollte er alles erfahren, sollte im Übermaß für seine Gastfreundschaft, wie ehrlich sie auch immer gewesen sein mag, entlohnt werden.
John Keating war an diesem besagten Abend wieder nach oben gestiegen, mit einer Flasche unter dem Arm und einem Päckchen Tabak in der Hand. Auch er klopfte gegen die Tür, hörte jedoch keine Antwort und trat, das Schlimmste ahnend, in die Kammer. Im Dämmerschein einer flackernden Kerze entdeckte er Thompson, der leichenblaß in seinem Bett lag und nur noch flüstern konnte. Keating nahm sich einen Stuhl und setzte sich zu ihm: »Himmel, was ist mit dir?«
Thompson versuchte sich aufzurichten, seine mager gewordenen Hände krallten sich in die Decke, er ruckte mit seinem Kopf ein paar Zentimeter in die Höhe, dann sackte er wieder in das Kissen zurück: »John ...«, stammelte er kaum hörbar, »... John, alter Freund ... es ... geht nun wirklich zu Ende mit mir ...«
Keating rang sich ein Lächeln ab: »Einer wie du, der stirbt doch nicht!«
Thompson röchelte heiser. Dann flüsterte er: »Der Teufel, John, der Teufel holt uns alle!«
Keating stand auf und stellte die Rumflasche auf den

Tisch. »Ich mache erst einmal mehr Licht«, erklärte er und zündete zwei neue Kerzen an, was gar nicht so einfach war, weil es aus jeder Ecke der Dachkammer pfeifend zog.
Thompson versuchte sich wieder bemerkbar zu machen: »Hör auf mit diesem Firlefanz ... komm her ... ich habe keine Zeit mehr ... komm her!«
Keating setzte sich wieder auf den Stuhl und rückte ganz nah ans Bett heran.
»Ich habe dir, John, in den vergangenen Wochen von meinem Leben erzählt. Und ...« Er bekam plötzlich keine Luft mehr, krächzte nur noch und ruderte verzweifelt mit den Armen herum.
Keating sprang auf, goß aus der Rumflasche einen großen Schluck in ein Glas und setzte es Thompson an die Lippen. Der Kapitän, inzwischen nur noch ein Schatten seiner selbst, nahm ein paar Tropfen, hustete gewaltig, trank noch etwas und richtete sich langsam wieder auf. Sein Gesicht war vor Anstrengung rot angelaufen, und seine Augen starrten auf den Freund.
Wäre Keating nicht ein mit allen Wassern gewaschener Seefahrer gewesen, hätte ihm in dieser Situation wohl angst und bange werden können: ein Mann im verzweifelten Kampf mit dem Tode, ein letztes Aufbäumen, um noch etwas zu sagen. Kaltes Mondlicht schien durch die Dachluke und warf gespenstische Schatten. Die Kerzen flackerten um die Wette, draußen heulte der Wind, und in dem armseligen Zimmer machte sich eine geheimnisvolle Stimmung breit.

»Der Schatz...«, flüsterte Thompson, »...der Schatz, er liegt noch auf der Insel. Höre, John, in dieser Kiste dort... dort«, und er deutete auf eine Seemannstruhe in der Ecke neben der Tür, »...ja, ja, sieh nur hin, dort drinnen liegt eine Schatzkarte, die ich selbst gezeichnet habe. Bring sie her... schnell... ich erkläre dir alles... dir... soll... der Schatz gehören!«

Keating, der den Alten die ganze Zeit gestützt hatte, ließ ihn nun brutal in die Kissen zurückfallen, sprang auf und war mit zwei Schritten bei der Truhe. Er hob den schweren, mit Eisen beschlagenen Deckel hoch, wühlte zwischen gebündelten Papieren und leeren Flaschen, zwischen Wäsche und Schuhen und rief wie im Rausch: »Wo? Wo? Wo?«

Thompson antwortete nicht. Keating drehte sich entsetzt herum. Sollte der Alte etwa schon tot sein? Nein, er lebte noch. Aber er war zu schwach zum Reden.

Der Fischer nahm eine Kerze vom Tisch und hielt sie in die Truhe hinein, um besser sehen zu können.

»Wo ist die Karte?« rief er immer wieder. »Wo?«

Da entdeckte er eine Schatulle aus Holz mit einem eingeritzten Anker. Als er sie öffnete, sah er ein vergilbtes Stück Papier, zusammengerollt und mit Bindfaden verschnürt. Hastig nahm er es heraus und hielt es James Thompson direkt vor die Augen: »Dies?«

Der Sterbende nickte kaum merkbar. Keating riß aufgeregt das Band von der Rolle und entfaltete das

Blatt. Auf einer handgezeichneten Karte erkannte er die Umrisse einer zerklüfteten Insel, die Namen von Buchten und Bergen, Hinweise zum Ankern. Auch ein Bach, der sich vom Inselinnern bis zur Küste schlängelte, war eingezeichnet. Der entscheidende Punkt jedoch schien nirgendwo markiert zu sein. Kein Kreuz mit roter Tinte war zu sehen, kein Pfeil und auch kein Kreis mit dem Vermerk: »Hier liegt der Schatz.«

John Keating, nervös wie nie zuvor und ohne jedes Mitleid, rüttelte den Kapitän immer wieder an beiden Schultern: »Stirb noch nicht, stirb noch nicht ... Sag mir erst, wo der Schatz ist!«

Ein letztes Mal öffnete James Thompson die Augen, ein letztes Mal rang er nach Luft. Seine Stimme war so leise, daß Keating sein Ohr dicht an Thompsons Lippen halten mußte, um überhaupt etwas zu verstehen: »Der Anker im Stein ...«

Dann starb James Thompson, der Kapitän der »Mary Dear«, der Seeräuber des Lima-Schatzes, der verführte Verbrecher, der geflohene Todeskandidat, der ewig Ruhelose. »Der Anker im Stein ...« – mit diesen Worten wurde er aus dem Diesseits entlassen und kam in die Hölle – möglicherweise.

John Keating stand auf, blies zwei Kerzen aus, nahm die dritte in die Hand und ging, die Schatzkarte zwischen Hemd und Brust verborgen, hinunter zu seiner Frau.

★

Nach der Beerdigung von James Thompson, einer armseligen Veranstaltung, die kaum jemand in St. John's zur Kenntnis nahm, wirkte John Keating auf alle um ihn herum völlig verändert. Er fuhr nur noch selten aufs Meer hinaus, ging nie mehr in eine seiner Stammkneipen, traf sich weder mit Freunden, noch sprach er mit Nachbarn. Statt dessen sah man ihn, verschlossen und entschlossen, durch die Straßen laufen, in irgendwelchen Kontoren und Häusern verschwinden oder, bis in die Morgenstunden hinein, am Fenster seiner Wohnküche auf und ab gehen, mit gesenktem Kopf und auf dem Rücken verschränkten Armen.
John Keating hatte nur noch eins im Sinn: Er wollte den Schatz auf der Kokosinsel finden. Was er jedoch zunächst einmal finden mußte, das waren finanzkräftige Partner, Geschäftsleute, die einerseits seriös genug waren, ihn nicht zu betrügen, andererseits aber auch unsolide genug, sich an dem höchst ungewöhnlichen Abenteuer zu beteiligen.
John Keating erschien das als ein schier unlösbares Problem. Der einzige Mensch, dem er sich wirklich anvertraut hatte, war seine Frau. Eines Nachts – er konnte wieder einmal nicht schlafen, trank Rum und dachte nach – kam sie zu ihm in die Küche.
»Ich kann auch nicht schlafen, und beim Wachliegen im Bett ist mir eingefallen, was ich dir schon den ganzen Tag über sagen wollte: Zufällig habe ich heute morgen im Hafen von einem Geschäftsmann mit Namen Boag gehört.«

»Und?« fragte ihr Mann.
Sie ging zu ihm, stützte sich mit beiden Händen auf den Tisch und sagte mit wichtiger Miene: »Er soll allerlei Geschäfte tätigen. Er soll sehr ungewöhnlich sein. Und er muß eine Menge Geld besitzen!«
Das klang für John Keating äußerst interessant: »Hast du auch herausbekommen, wo er wohnt?«
Seine Frau lächelte, ganz so, wie Menschen lächeln, die sich plötzlich ihrer großen Bedeutung bewußt werden. Aus der Tasche ihres Kittels, der über einem Stuhl lag, holte sie einen Zettel: »Da, das ist seine Adresse!«
Einen Augenblick herrschte Schweigen. Keatings Frau raffte ihre langen, dunkelbraunen Haare im Nacken zusammen, als wollte sie sich einen Dutt stecken. Dabei beobachtete sie ihren Mann genau. »Hör mal«, sagte sie dann, »du mußt trotzdem – oder gerade – bei so einem Kerl sehr vorsichtig sein. Was ich über ihn gehört habe – er soll ein Schlitzohr sein. Du darfst ihm nicht gleich alles erzählen!«
Keating blickte von dem Zettel auf. Er wirkte verärgert: »Du brauchst dir keine Sorgen darum zu machen, daß ich vielleicht zuviel verraten könnte. Ich hoffe allerdings nur, daß du nicht deinem Informanten hier . . .«, und dabei klopfte er nun fast verächtlich auf das Stück Papier mit der Adresse, ». . . daß du dich nicht verplappert hast!«
»Du unterschätzt mich, mein lieber John. Du hast mich schon immer unterschätzt!« Mit diesen Worten verließ seine Frau die Küche und ging zu Bett.

Am nächsten Morgen machte sich John Keating auf den Weg zu dem geheimnisvollen Mr. Boag, und schon bei der ersten Begegnung sollte sich zeigen, wie verschieden die beiden Männer doch waren, die sich gemeinsam auf ein waghalsiges Abenteuer einlassen wollten: kalt kalkulierend, mißtrauisch und zurückhaltend der eine – warmherzig-aufgeschlossen, jovial und unternehmungslustig der andere.

»Ich bin ein Mann des Meeres wie Sie«, erzählte Boag seinem Besucher, »aber ich habe nicht als Fischer gearbeitet, sondern bin als Kapitän zur See gefahren. Ein paar besonders einträgliche Reisen haben mich hierher verschlagen, und heute mache ich Geschäfte an Land.«

Boag lachte oft und laut. Wenn er etwas besonders komisch fand, schlug er sich mit den Händen auf die Schenkel, hielt sich den Bauch, und in seinen Augen blitzte eine kindliche Lebensfreude.

»Ein schönes Abenteuer, mein lieber Freund«, meinte er, nachdem Keating ihm schließlich einige Andeutungen gemacht hatte, »ein schönes Abenteuer ist mir fast noch lieber als ein gutes Geschäft. Aber beides zusammen, hohoho, das ist ein ungeahnter Glücksfall, da schlage ich zu!« Er schenkte Whisky ein und hob das Glas: »Auf Ihren Schatz. Auf unseren Schatz, hohoho!«

Keating nickte kurz, nahm einen Schluck und schaute den Kapitän nachdenklich an: »Ich will Ihnen keinesfalls mein Mißtrauen aussprechen, aber ich muß dennoch vorsichtig sein. Das verstehen Sie doch, oder?«

»Haha, Keating, wie komisch, hahaha...« Boag schien sich mächtig zu amüsieren. Dann jedoch wurde er ernst: »Hören Sie mir mal gut zu. Ich bin ein erfahrener Mann. Und ich sage Ihnen eines: Wenn man eine Sache gut machen will, muß man sie mit ganzem Herzen machen. Sie wollen mich für Ihre Sache gewinnen, aber Sie mißtrauen mir. Sie wollen mein Geld, aber Ihr Wissen für sich behalten. Sie suchen, lieber Keating, die Chance ohne Risiko. Aber die, das darf ich Ihnen zum Abschluß noch sagen, die gibt es nicht! Also überlegen Sie sich die Sache und kommen Sie wieder, wenn Sie glauben, ich sei der richtige Partner für Sie!«

★

John Keating kam wieder. Nachdem er sich ausführlich mit seiner Frau beraten und ihr – »für alle Fälle« – Abschriften von der Schatzkarte und Thompsons Notizen übergeben hatte, traf er sich erneut mit Kapitän Boag. Bei diesem zweiten Besuch nun zeigte er seinem künftigen Partner alles, was er an Unterlagen besaß, erzählte ihm alles, was er wußte – und dachte doch die ganze Zeit daran, wie er einen Betrug durch Boag verhindern könnte. Ja, mehr noch. Er überlegte schon, daß er ihn seinerseits später einmal ausbooten würde.

Von diesen Hintergedanken ahnte der Kapitän freilich nichts. Voller Energie stieg er in das Thema ein, hatte viele Einfälle und noch mehr Geld, um der

gemeinsamen Expedition zur Kokosinsel zum Erfolg zu verhelfen.
Wenige Monate darauf stach die Brigantine »Edgecombe« in See. An Bord des gecharterten Zweimasters: Boag, Keating und eine perfekte Ausrüstung für die Schatzsuche. Die Besatzung war über Grund und Ziel der Reise nicht informiert. »Die Leute werden von mir bezahlt«, hatte Keatings Partner kurz zuvor geäußert, »und nur das tun, was wir ihnen sagen, hahaha!«
Das allerdings sollte sich als leichtsinnige Fehleinschätzung erweisen. Als nämlich das Schiff vor der palmenumsäumten Küste der Kokosinsel in der Chatham-Bucht ankerte, stand die Mannschaft der »Edgecombe« kurz vor der Meuterei. Die Fahrt war aufgrund des schlechten Wetters gefährlich und äußerst schwierig gewesen. Weil nun Boag und Keating verlangten, nur von einem einzigen Mann an Land gerudert zu werden, weil sie darauf bestanden, daß alle anderen an Bord bleiben müßten, machten die Seeleute ihrer Erschöpfung und ihrem Ärger mit wüsten Drohungen Luft.
»Das lassen wir uns nicht gefallen!« schrie einer unter allgemeinem Gejohle. »Was hat die ganze Sache überhaupt zu bedeuten?« brüllte ein anderer, und jemand rief: »Wir machen nicht mehr mit!«
Um ein größeres Tohuwabohu zu verhindern, versprach Boag den Männern: »Morgen, morgen könnt ihr an Land. Aber heute, heute wollen wir zwei allein die Insel erkunden. Das ist nur in eurem Interesse.«

Nachdem auch der Kapitän der »Edgecombe« auf seine Mannschaft eingeredet hatte, kehrte an Bord Ruhe ein. Und ein Matrose brachte Keating und Boag endlich an ihr Ziel – auf die Kokosinsel.
Mit Thompsons Karte fanden die beiden Männer sehr schnell den Bach, dessen Lauf der Maat der »Mary Dear« einst durch Sprengungen begradigt hatte. Ja, sie fanden sogar den Stein mit dem Anker. Und dann müssen sie ihn entdeckt haben. Den Schatz, ihren Schatz.
Es ist rätselhaft, wie sie es allein schafften, den felsigen Brocken zu bewegen. Der Matrose jedenfalls kann ihnen nicht dabei geholfen haben, denn Boag hatte ihm befohlen, zum Schiff zurückzurudern . . . Es ist rätselhaft, warum sie sich dann wie blutige Anfänger die Taschen mit Gold- und Silbermünzen füllten. Es ist rätselhaft, warum die beiden Männer bei aller vorausschauenden Planung ausgerechnet die Bergung des Schatzes nicht perfekter organisierten. Fest steht nur: Als der Matrose wiederkam, um sie abzuholen, nahmen sie soviel mit, wie sie irgendwie verstauen konnten.
Natürlich blieb der Schiffsbesatzung nicht verborgen, daß da zwei Goldesel an Bord zurückkehrten. Noch in derselben Nacht forderten sie von Boag und Keating »ihren« Anteil an dem Schatz, und den beiden blieb nichts anderes übrig, als zum Schein darauf einzugehen. So wurde vereinbart, am nächsten Morgen mit allen Männern auf die Kokosinsel zu gehen, um die ganzen Werte zu bergen.

Die Kerle von der »Edgecombe« fühlten sich stark und überlegen. Keiner von ihnen, nicht einmal ihr Kapitän, kam auf die Idee, daß Boag oder Keating ihnen einen Strich durch die Rechnung machen könnte. Unbewacht ließen sie die beiden in ihre Kajüten gehen, nur begleitet von höhnischem Gelächter und dreisten Sprüchen wie: »Morgen gehört der Schatz uns!« Oder: »Paßt nur auf, daß ihr in der Frühe nicht verschlaft!«
»Die beiden werde ich schon persönlich wecken!« sagte der Kapitän der »Edgecombe«, aber da waren Boag und Keating schon unter Deck verschwunden.
Doch gingen sie nicht schlafen, sondern trafen sich in Keatings Kajüte, um die Lage zu besprechen. »Was können wir tun?« fragte Kapitän Boag, nachdem er sich ächzend auf einem Stuhl niedergelassen hatte. Dem sonst so fröhlichen Geschäftsmann aus St. John's war das Lachen vergangen. Mit einem Taschentuch wischte er sich die schweißnasse Stirn und seufzte tief.
John Keating schwieg eine ganze Weile. Er blickte durch das Bullauge. Der Himmel war sternenklar. Kein Wind regte sich draußen, das Meer lag ruhig da wie ein großer, dunkler Teich, und aus dem Wasser ragte, nur vom Mondlicht beschienen, die Kokosinsel empor. Wie ein Scherenschnitt sah sie aus: die steilen, schwarzen Felsen, die Buchten und im Vordergrund die schroffen Zacken des Riffs.
»Das ist es!« sagte Keating und drehte sich um. »Das ist es!«

»Was?« fragte Boag und wischte sich erneut über die Stirn.
»Es ist ganz einfach: Wir verschwinden! Und zwar sobald es geht! Wenn an Bord alles schläft, werden wir uns ein Beiboot schnappen und hinüberrudern. Einfach, ganz einfach!«
Kapitän Boag hatte seine Bedenken: »Einfach wegrudern? Das ist doch eine Meute von geldgierigen Burschen. Wenn die unsere Flucht bemerken, werden sie nicht nur den Schatz suchen, sondern vor allen Dingen uns! Und dann wird aus ihnen, so wahr ich die Menschen kenne, eine Bande mordlustiger Männer. Nein, nein, das ist keine gute Idee!«
Keating setzte sich zu Boag. »Die da oben«, sagte er leise, »die können von mir aus an ihrer Geldgier und Mordlust ersticken. Sollen sie meinetwegen unsere Flucht bemerken, sollen sie uns suchen und platzen vor Wut und Rachegelüsten – sie werden uns niemals finden!«
Und dann erzählte John Keating die Geschichte von James Thompson und dem Maat der »Mary Dear«, die auch geflüchtet waren und die im Dickicht der Kokosinsel niemand mehr entdeckt hatte. »Das«, sagte er zum Schluß, »ist mir so von meinem Freund Thompson berichtet worden. Es ist wahr – so wahr, wie dort hinten auf diesem kleinen, wilden Eiland der Lima-Schatz liegt, der uns beide bald sehr, sehr reich machen wird!«
»Der uns beide das Leben kosten wird!« entgegnete Kapitän Boag. »Möglich, daß man uns nicht finden

wird. Aber: Dann segelt die ›Edgecombe‹ fort von hier. Vielleicht sogar mit dem Schatz, doch bestimmt ohne uns. Und wir werden statt dessen gemeinsam verhungern!«
Keating ließ nicht ab von seinem Plan: »Erstens: Die Mannschaft wird den Schatz nicht finden können. Nur wir kennen das Versteck. Und außerdem: Nachdem wir vorhin einen Teil entnommen hatten, haben wir doch alles sehr gut wieder abgedeckt, oder?«
Boag nickte, und Keating redete weiter auf ihn ein: »Zweitens: Auf der Insel gibt es, auch das weiß ich von Thompson, Süßwasser, Kokosnüsse, Früchte, Vögel, Wild und Fische – es ist ein wahres Schlemmerparadies! Und drittens: Die Sorge, daß wir den Rest unseres Lebens auf der Kokosinsel verbringen müßten, habe ich nicht. Hier kommen ständig Schiffe vorbei, um Frischwasser an Bord zu nehmen. Wir werden zurückkehren nach St. John's. Ganz wie geplant: als reiche Männer!«
Boag, der das Abenteuer so liebte, gewann langsam seine Fassung zurück. Was Keating gesagt hatte, leuchtete ihm ein: »Also gut, John, ich komme mit.«
Wenig später ließen die beiden Männer heimlich und leise ein Beiboot zu Wasser. Für Kapitän Boag wurde es eine Ruderpartie in den Tod.

★

John Keating erzählte später, sein Partner sei bei der Flucht ins Wasser gefallen: »Und weil seine Taschen

voll waren mit Gold, ging er unter wie ein Stein!« Doch diese Geschichte ist höchst unwahrscheinlich. Boag war ein erfahrener Kapitän und ein guter Schwimmer – bei ruhiger See fällt einer wie er nicht aus dem Ruderboot und ertrinkt.
Hin und wieder berichtete John Keating auch, Kapitän Boag sei während der Rückreise von der Kokosinsel gestorben, und man habe seine Leiche über Bord werfen müssen. Dafür aber gab es ebenfalls keinen Zeugen. Genügend Leute, die den Fischer aus St. John's kannten oder sein Leben nachträglich verfolgten, würden einen Eid darauf schwören, daß er seinen Partner auf der Kokosinsel umgebracht hat. Beweisen indes konnte es niemand.
Ob nun also John Keating mit oder ohne Kapitän Boag im Urwald der Insel verschwand: Am nächsten Morgen wurde die Flucht auf der »Edgecombe« bemerkt. Sofort ruderten der Kapitän und ein paar seiner Leute an Land. Mit Gewehren, Pistolen und Messern bewaffnet, suchten sie bis zur Dämmerung vergeblich. Sie übernachteten auf der Kokosinsel und setzten ihre Suchaktion am nächsten Tag fort – dieses Mal ging es ihnen um den Schatz. Und auch dieses Mal blieben sie erfolglos.
Wütend und enttäuscht kehrten sie am dritten Tage auf ihr Schiff zurück und segelten kurz darauf in Richtung Heimat. Doch die »Edgecombe« kam niemals in Neufundland an. Man vermutet, daß sie bei der Umrundung von Kap Hoorn im Sturm gesunken ist.

Der einzige Überlebende dieses Abenteuers war John Keating. Er kehrte etwa ein Jahr später mit einem Walfangschiff nach St. John's zurück. Dort mußte er sich zunächst wegen Verdachts des Mordes an Kapitän Boag vor Gericht verantworten, blieb aber aus Mangel an Beweisen ein freier Mann.

In den darauffolgenden Jahren reiste John Keating noch mindestens zweimal zur Kokosinsel. Niemand, außer seiner Frau, kannte den wahren Grund für diese Fahrten. Doch in St. John's fiel es sehr bald auf, daß der einst so arme Fischer plötzlich ungemein wohlhabend war: Er verkaufte Silbermünzen und Gold im Werte von mehr als 100 000 Dollar, gründete eine Fischfangflotte und ein Handelsunternehmen. John Keating starb im Jahre 1882, und seine Witwe erbte mehrere Millionen Dollar.

Das Original der Schatzkarte vermachte Keating seinem Freund Thomas Hackett, und der wiederum hinterließ es seinem Bruder Fred.

Dieser Fred Hackett nun machte sich eines Tages auf die Reise zu Keatings Witwe. Mit ihr zusammen wollte er an jenen Teil des Schatzes heran, den John Keating offenbar noch auf der Kokosinsel zurückgelassen hatte.

★

Zu Beginn des Jahres 1897 begaben sich Fred Hackett und die betagte Witwe John Keatings auf dem Schoner »Aurora« zur Kokosinsel.

Beide schienen einander schon nach kurzer Zeit zu vertrauen. Beide besaßen anscheinend dieselben Informationen. Beide wogen sich in der Sicherheit, gemeinsam und problemlos Keatings Hinterlassenschaft zu finden und mit der »Morgenröte« nach Hause zu transportieren. Doch die Euphorie sollte sehr bald ein Ende haben.

Als sie nämlich in der Wafer-Bucht vor Anker gingen und an Land ruderten, erlebten sie ihre erste große Überraschung. Kaum hatten sie den Strand der einsam und unbewohnt wirkenden Insel betreten, vernahmen sie, ganz nah, im Dickicht des dahinterliegenden Urwaldes Geräusche; die Stimme eines Menschen, die kräftige Stimme eines Mannes!

Näher und näher kamen die Laute, verstört griff die Witwe Keating nach Fred Hacketts Hand. Wie war das denn nur möglich? Ein Mensch in dieser Tropeneinsamkeit!

Plötzlich kam er, dieser fremde Mann, hinter einem grün überwucherten Felsvorsprung hervor, trat aus dem Schatten ins Sonnenlicht. Ein riesiger Kerl, fast zwei Meter groß, mit gewaltigen Schultern, kräftigen Armen, Händen, so groß wie Schaufeln. Er hatte volles, langes Haar und einen rötlichen Bart, der ihm beinahe bis zur Hüfte reichte. Mit großen Schritten ging er auf die Neuankömmlinge zu.

»Oh, Gott!« flüsterte Keatings Witwe nur noch. Furchteinflößend sah er aus, der Mann aus dem Urwald, in seinem Gürtel trug er zwei Pistolen, in der Hand hielt er ein Messer, seine Stimme tönte gewaltig. Er redete

etwas, was die anderen nicht verstanden, kam dichter und dichter heran.
Fred Hackett rief dem Mann ein paar Brocken auf englisch zu, machte dazu ein paar Handbewegungen, um anzudeuten, daß man in friedlicher Absicht gekommen sei, und fragte mit Angst und Unsicherheit in der Stimme nach dem Namen des Fremden.
Zum Erstaunen aller machte der Mann einen friedlichen, ja, sogar freundlichen Eindruck: »Mein Name ist August Gissler«, erklärte er, »ich komme aus Deutschland und lebe mit meiner Frau und ein paar anderen Deutschen hier!«
Die Besucher hatten ihren Schock schon bald überwunden. August Gissler empfing die Fremden wie Freunde, so, wie man Menschen begegnet, mit denen einen ein gemeinsames Anliegen, gemeinsame Interessen und eine gemeinsame Leidenschaft verbinden. Stolz zeigte er ihnen seine »Kolonie«: Da war der Dschungel gerodet worden, Wege angelegt, Hütten gebaut worden, da hatten die Deutschen Bananen, Zitrusfrüchte und Tabak angepflanzt.
Nach dem Rundgang durch diesen ungewöhnlichen Außenposten der Zivilisation inmitten einer entlegenen tropischen Insel-Wildnis bat August Gissler die Besucher in seine Hütte, machte sie, in perfektem Englisch übrigens, mit seiner Frau bekannt und sagte ihnen unumwunden den wahren Grund für seine Anwesenheit: »Wir sind keine Ausgestoßenen, keine Farmer, keine Verrückten. Wir sind hier, um Schätze zu suchen und zu finden!«

»Wir auch!« erklärte Fred Hackett.

Als der Abend einbrach und mit ihm ein Regen einsetzte, fanden sich alle zusammen unter den Palmendächern beim milden, wärmenden, trocknenden Feuer und erzählten sich ihre Geschichten und die Geschichten der Schätze.

Fred Hackett war klar, daß ohne die Deutschen auf der Insel keine Schatzsuche möglich sein würde, und er sagte es auch Keatings Witwe, als er sie spät nachts zu den Hütten begleitete, die ihnen August Gissler zur Verfügung gestellt hatte: »Wir können uns diese Leute nicht zu Feinden machen. Sie wirken friedlich und freundlich. Aber wenn wir versuchen würden, ohne sie den Schatz zu heben, könnte das für uns schrecklich ausgehen!«

»Was also schlagen Sie vor?«

»Ich schlage vor, wir nutzen ihre Anwesenheit und ihre Erfahrung. Wenn der Schatz wirklich so gigantisch ist, wie wir glauben, wenn sich, wie Gissler heute abend erzählte, noch weitere Schätze auf der Insel befinden, dann ist genug für alle da. Dann können wir auch teilen!«

Das erschien der Witwe Keating einleuchtend. Sie stimmte zu und wollte schon in ihre Hütte. Da fiel ihr etwas ein. Sie blickte sich noch einmal zu Fred Hackett um: »Übrigens: Dieser Mensch aus Kanada, dieser Haffner, der heute abend bei uns saß, dieser Mann ist gefährlich. Vor dem warne ich! Gute Nacht!«

Haffner lebte seit einem Jahr als Schatzsucher auf der Kokosinsel – bislang freilich ohne jeden Erfolg. Er

Deutsche Schatzsucher siedelten im vergangenen Jahrhundert auf der Insel

war ein seltsamer Mann. Dünn und groß, mit stechenden Augen, die freilich jedem intensiven Blick auswichen. Er wirkte unnatürlich höflich, paßte sich anscheinend jeder Situation, jedem Menschen problemlos an, redete kaum, schien viel zu verbergen und alles zu beobachten. Der Ausdruck »aalglatt« paßte vortrefflich auf Haffner. Unter allen, die sich des Reichtums wegen auf der Kokosinsel aufhielten, war er – trotz aller Glätte – derjenige, dem man die Geldgier am ehesten anmerkte.
Keatings Witwe sollte recht behalten, doch sie hatte den Falschen gewarnt: August Gissler und seine Frau waren es, die später einmal den wahren Charakter von Haffner kennen- und fürchtenlernen sollten.

★

Es regnete unaufhörlich. So kam die Gruppe um Fred Hackett erst einige Tage später dazu, nach dem Schatz zu suchen. Doch die Karte, die er mitgebracht hatte und die bis ins kleinste Detail jener Abschrift glich, die Keatings Witwe besaß, führte niemanden ans Ziel. Sollte Keating den Schatz anderswo vergraben haben? Lag vielleicht ein neuer Stein mit einer anderen Markierung auf dem Versteck? Hatte der Mann aus St. John's dieses Geheimnis mit ins Grab genommen? Absichtlich oder weil er nicht mehr dazu kam, die Schatzkarte zu ändern? Rätsel über Rätsel.
Es war der zweite große Schock für Fred Hackett. Er hatte fest daran geglaubt, daß Schatzsuchen auf der

Kokosinsel eher ein »Schatzfinden« sei, eine Sache von wenigen Stunden. Am Abend des neunten Tages nun, nach anstrengender Arbeit und zermürbenden Streitigkeiten, nach Regennässe und sengender Sonne, brach es endlich aus ihm heraus:
»Sagen Sie es uns jetzt sofort«, fuhr er Keatings Witwe an, »wissen Sie mehr als wir? Es muß etwas geben, was Ihr Mann Ihnen gesagt hat, aber sonst keinem! Sie wollen mich ausschalten, nicht?«
Die greise Frau schüttelte den Kopf und sagte ernst: »Nein, das will ich wahrlich nicht. Für solche gemeinen Aktionen bin ich zu alt. Ich habe Ihnen vertraut. Und Sie, Sie sollten mir vertrauen!«
Damit war die Sache erledigt. Fred Hackett entschuldigte sich später bei seiner Partnerin, doch ein Funken Mißtrauen blieb, denn wo war der Schatz wirklich? Die Deutschen konnten ihn nicht gefunden haben, sonst wären sie nicht auf der Insel geblieben, hätten nicht weiterhin so hart gearbeitet und sich während der ganzen Zeit so intensiv an der Suche beteiligt. Wo also steckte er, der Schatz, der auf der Karte so genau eingezeichnet war?
Nach zwei Monaten entschloß man sich, die Suche abzubrechen. Keatings Witwe hatte ihre Kraft überschätzt, und auch Fred Hackett war am Ende. So verabschiedeten sie sich am Morgen des dreiundsechzigsten Tages von August Gissler, seiner Frau und den anderen.
»Wir segeln zurück nach Neufundland«, sagte Fred Hackett, nachdem er alle Hände geschüttelt, im Bei-

boot Proviant und Frischwasser verstaut und sich noch ein letztes Mal in der Bucht umgesehen hatte, »enttäuscht, aber nicht hoffnungslos.« Dann wandte er sich an August Gissler: »Ich habe mit meiner Partnerin besprochen, Ihnen unsere Schatzkarte hierzulassen, Gissler. Wir bitten Sie, die Suche für uns weiterzuführen. Sollten Sie fündig werden, bieten wir Ihnen einen Anteil von 30 Prozent. Sind Sie einverstanden?«

August Gissler nickte. »In einem Jahr«, fuhr Fred Hackett fort, »werde ich zurückkehren. Ich hoffe, daß Ihnen und uns das Glück dann wohlgesonnen ist!« Mit diesen Worten half er der Witwe Keating in das Boot.

Plötzlich rührte sich Haffner, der die ganze Zeit über abseits im Schatten einer Palme gestanden und geschwiegen hatte: »Kapitän Hackett . . .?«

Der Angesprochene drehte sich um: »Ja?«

»Ich wollte Sie fragen, ob Sie mich mitnehmen können!« sagte Haffner.

Fred Hackett, die Äußerung von Keatings Witwe noch in den Ohren, witterte irgendeinen Trick – zu Unrecht, wie sich herausstellen sollte. Er ging einige Schritte auf Haffner zu: »Warum fragen Sie mich das erst jetzt?«

Haffner sah zu Boden, zog mit dem linken Fuß eine Spur durch die kleinen Kiesel am Strand: »Es ist mir plötzlich so eingefallen, wissen Sie? Ehrlich gesagt, eine Schatzsuche unter diesen Umständen«, und damit machte er eine flüchtige Handbewegung hinüber

zu der Gruppe der Deutschen, zu der Plantage dahinter und dem Dickicht, »die halte ich für ziemlich unergiebig!«
Fred Hackett lachte: »Ja, da haben Sie etwas Richtiges gesagt! Ziemlich unergiebig! Und wenn Sie es denn auch so sehen – natürlich können Sie mit uns kommen!«
Haffner nahm sein Bündel auf. Er hatte alles vorbereitet. Mit kurzen Schritten eilte er zu Gisslers Frau, reichte den anderen die Hand und sagte dann zu August Gissler: »Ich kehre zurück!«
Das klang nicht wie ein Versprechen unter Freunden, das war keine Höflichkeitsfloskel, das hörte sich an wie eine Drohung.
August Gissler blieb noch eine lange Weile am Ufer, um Kapitän Hackett, Keatings Witwe und Haffner auf der »Aurora« nachzuschauen.
August Gissler sollte noch vielen Schiffen hinterhersehen, sollte noch viele Abenteurer, Seeleute, Reisende und Schatzsucher begrüßen, sollte noch viele Feinde gewinnen und manchen Freund verlieren.

Der Schoner »Victoria of Karlstad« kreuzt vor der Insel. Der Landfall gilt unter Seefahrern als schwierig wegen zahlreicher, noch unkartierter Unterwasserklippen.

Ansicht der Insel von Südwesten – ein Island im Pazifik

Die etwa zwanzig Meter hohe Spitze eines aus der Tiefsee (ca. 4000 m) aufragenden Vulkanschlotes

Von der Brandung zerfressene Basaltklippen zeugen von der vulkanischen Natur der Insel.

Die Südseite der Wafer-Bucht

Kokospalmenhain und Basaltklippen in einer Bucht an der Südküste

Lianen haben die Überreste alter Papaya- und Kaffeeplantagen aus der Zeit August Gisslers wie mit riesigen Tarnnetzen überzogen.

Auf der Kokosinsel fallen etwa 8000 Millimeter Niederschlag pro Jahr. Wasserfälle stürzen über die Inselflanken, und mancher Schatzsucher vermutet hinter den steilen Wänden verborgene Schätze.

Am Cerro Iglesias, dem höchsten Berg der Insel. Der massenhafte Niederschlag hat auf den Ästen des üppigen tropischen Regenwaldes dicke Moospolster entstehen lassen.

In den Luftwurzeln eines Urwaldriesen siedeln Bromelien, die in ihren Blattrosetten Humus und Wasser sammeln.

Die Kokosinsel ist ein Prüffeld der Evolution – ein tropisches Galapagos. Es gibt zahlreiche Pflanzen und Kleintierarten, die nur hier vorkommen.

Dichteste Vegetation, tiefe Spalten und Schluchten und unzugängliche Höhlen machen die Schatzsuche äußerst schwierig. Oft ist es nur noch mit Hilfe der Machete möglich, weiterzukommen.

Erst ein mit dem Haumesser in die Lianenwand geschlagenes Fenster ermöglicht den Blick in eine tiefe, steil abfallende Schlucht – hier ist der Forscher jederzeit vom Absturz bedroht.

Je höher man auf der Kokosinsel steigt, desto dichter wird die Vegetation: Farne erheben sich auf meterhohen Stielen.

Der Eingang zu August Gisslers über hundert Meter langem Höhlensystem, das er auf seiner Schatzsuche gegraben hat

In diesem steinernen Tagebuch der Chatham-Bucht haben sich Besucher aus Jahrhunderten verewigt – Piraten, Walfänger, Abenteurer und Schatzsucher.

Hunderte von Wasserfällen haben in Jahrtausenden tiefe Auskolkungen in den Fels gewaschen. Es ist gut möglich, daß darin Teile der Schätze versenkt wurden. Es werden in den unzugänglichen Teilen der Insel Wasserfälle vermutet, die noch niemals von eines Menschen Auge gesehen wurden.

August Gissler – ein Leben für die Kokosinsel

Der Reporter kam am Tag vor der Abreise. Es war das Jahr 1907. August Gissler lebte und arbeitete nun schon seit achtzehn Jahren auf der Kokosinsel und war wieder einmal nach Amerika gekommen, um Geschäftspartner zu suchen.
Wieder einmal hatte sich der Rast- und Ruhelose einige Tage in New York aufgehalten, wieder einmal mußte er die Stadt Hals über Kopf verlassen. Er hatte die Nachricht erhalten, daß eine illegale Expedition auf der Kokosinsel gelandet war. Eine Expedition also, die nicht über eine Genehmigung der Regierung Costa Ricas verfügte. Er mußte zurück, so schnell es ging, er mußte die Fremden vertreiben, mit aller Macht, die er hatte. Denn schließlich war er, August Gissler, von der Regierung von Costa Rica zum Gouverneur der Kokosinsel ernannt worden.
Es war alles sein. Seine Idee, sein Werk, sein Lebenstraum, seine Insel – und es waren vor allen Dingen seine Schätze. Mit einem an Wahnsinn grenzenden Ehrgeiz, mit beinahe totaler Aufgabe menschlicher Vernunft lebte und litt er nur dafür.

August Gissler: Abenteurer, Siedler, »König der Schatzsucher« und Gouverneur der Kokosinsel

Jetzt saß er also mitten in New York und dachte an die Kokosinsel. Und an seine Frau, die er dort allein zurückgelassen hatte. Jetzt also saß er mitten in New York, in dieser tobenden, tosenden Weltstadt, diesem Sammelpunkt von Hoffnung und Untergang, von Begabung und Unvernunft, von Überfluß und Abschaum; jetzt saß er in diesem Zimmer dem Reporter der »New York Times« gegenüber, draußen all die endlosen Häuserschluchten und gesichtslosen Menschenmassen und drinnen im Kopf doch nur: die Meereswellen, die niemals aufhören zu rauschen; der Wind, der ewig durch die Palmen weht; die Vögel, die zu Hunderten im Urwald flattern und flöten, kreischen und zwitschern.

Ja, die Kokosinsel, das war seine Heimat geworden. Aber da war noch etwas. Wenn man August Gissler in jenem Moment gefragt hätte, er hätte es wohl nicht zugegeben, doch die Stadt New York war wie er. Der Lärm, die Unruhe, die Geldgier, die Machtbesessenheit, das Träumerische und die Geschäftstüchtigkeit, der Zukunftsglaube und die Verlorenheit, die Begabung und der Wahnsinn – alles, was in dieser Stadt zu finden ist, das war auch in ihm. Kein Zufall denn auch, daß dieser Mann von der Pazifik-Insel später in New York sterben sollte.

Geboren wurde August Gissler am 19. September 1860 in der Nähe von Stettin. In jungen Jahren lebte er bei reichen Verwandten, die eine Papierfabrik am Rhein besaßen. Sehr früh jedoch flüchtete er aus der großbürgerlichen deutschen Enge, fuhr zur See, lebte

in England und Amerika, auf Hawaii und vor allen Dingen: auf der Kokosinsel.
Er buddelte dort Wochen, Monate, Jahre. Er begeisterte überall Menschen, Firmen, Regierungen. Er brachte deutsche Auswanderer auf die Kokosinsel, er besorgte sich ungeheure Geldbeträge für seine Schatzinsel-Projekte, und er wußte über alles Bescheid, was mit dem costaricanischen Eiland zu tun hatte.
Kein Wunder also, daß der »New York Times«-Reporter an diesem Großstadt-Nachmittag von Gissler fasziniert war, nicht genug bekommen konnte von seinen Landschaftsbeschreibungen und Abenteuerschilderungen.*
»Die Kokosinsel«, sagte Gissler, »ist unbestreitbar vulkanischen Ursprungs. Unser höchster Berg ist über 600 Meter hoch. Wir haben sieben Flüsse. An einem ist ein großer Wasserfall mit 200 Metern. Und an einem anderen einer mit 160 Metern. Keine 30 Meter von meinem Haus entfernt habe ich daher die Kraft von 2000 Pferdestärken zur Verfügung.«
»Wie ist die Bodenbeschaffenheit?«
»Wir haben Sand, Ton und Lehm wie Schokolade. Der Boden ist reich, die Wälder sind prächtig. Dort stehen Mengen von Zedern, ein feines Holz, aus dem sich herrliche Bleistifte machen ließen!«
»Gibt es Bodenschätze auf der Insel?«
»Ja. Anfangs wußte ich zwar nichts davon, denn ich

* Das Interview ist in englischer Sprache erschienen und wurde später übersetzt (vgl. dazu auch die Anmerkung auf Seite 139).

bin mein Leben lang nur auf den Ozeanen zu Hause gewesen. Aber nachdem ich auf die Kokosinsel gekommen war, beschäftigte ich mich damit. Ich sammelte eine große Anzahl von Bodenproben und versuchte herauszufinden, was es sein könnte. Eines Tages landete vor der Insel eine Yacht – dieselbe übrigens, mit der ich morgen zurückreisen werde –, deren Besatzung einige Tage an Land blieb. Bevor sie abreisten, versprachen sie wiederzukommen. Und kaum daß sie fort waren, bemerkte ich, daß der größte Teil meiner Gesteinsproben mit ihnen verschwunden war. Glücklicherweise kehrten die Leute tatsächlich wieder und hatten in der Zwischenzeit die Proben analysiert. Sie haben dabei Gold, Silber und Kupfer gefunden. Eine Tatsache, die sie in große Erregung versetzte.«

»Wie ist das Klima?«

»Die Temperaturen bewegen sich zwischen 18 und 32 Grad Celsius. Außer zum Kochen brauchen wir selten ein Feuer, niemals benötigen wir Mäntel, und die Hitze wirkt nicht störend. Ich selbst trage das ganze Jahr über Overalls und fühle mich darin immer richtig angezogen. Es regnet zehn Monate im Jahr, in der restlichen Zeit fallen nur ab und zu ein paar Schauer. Das Trinkwasser ist das reinste auf der Welt.«

»Was für Früchte gibt es auf der Kokosinsel?«

»Kokosnüsse und Bananen hauptsächlich. Wir haben drei verschiedene Sorten von Bananen in solchen Mengen, daß wir nicht wissen, was wir damit anfangen sollen.«

»Züchten Sie Haustiere?«
»Ich hatte ein paar Rinder, einige Pferde, Schafe und Hühner. Aber als ich von einer Reise nach Amerika zurückkam, hatte eine Expedition aus Vancouver alles abgeknallt, was lebte!«
»Warum haben Ihre Leute das denn überhaupt zugelassen?«
»Meine Leute? Ich habe keine! Nur meine Frau und ich leben auf der Insel.«
»Keine Kinder?«
»Nicht eines. Was soll gut daran sein, eine Menge Kinder auf der Kokosinsel zu haben? Das gäbe doch nur Probleme! Eines Tages würden sie uns verlassen und aufs Festland gehen . . .«
»Ist Ihre Frau nicht einsam?«
»Nicht dort, wo ich bin. Ihr gefällt es auf der Insel. Es gibt genügend zu tun. Wir beide arbeiten.«
»Was arbeiten Sie?«
»Zuletzt hatte ich Tabak gepflanzt – das brachte 500 Kilogramm auf etwa 4000 Quadratmetern und sechs Wochen später noch mal 400 Kilogramm. Wenn ich will, kann ich öfter ernten, mehrere Tonnen Tabak jährlich!«
»Das klingt unglaublich, Gouverneur!«
»Aber was ich erzähle, ist wahr. Ich habe meine Ernte an Costa Rica für einen Dollar pro Pfund Tabak verkauft.«
»Ein Mann kann nicht alleine Tausende von Quadratmetern Fläche kultivieren. Warum holen Sie keine Leute auf die Kokosinsel?«

»Ich habe einmal achtzehn Deutsche mit ihren Familien auf die Insel mitgenommen. Ich dachte, sie pflanzen an und werden reich. Statt dessen machten sie in kurzer Zeit einen Aufstand.«
»Was ist daraus geworden?«
»Ich habe den Aufstand niedergeschlagen.«
»Sagen Sie mir, wie?«
»Ich deklarierte Notstandsgesetze. Ich, als Gouverneur, meine großen Pistolen auf die Gesichter der Deutschen gerichtet, das scheuchte sie in die Unterwerfung! Sie legten die Waffen nieder. Dieser Zwischenfall brachte mich dazu, das Gesindel wieder zu verschiffen!«
»Sie sind also Gouverneur, General und Oberst der Armee, die Armee selbst und darüber hinaus auch noch Richter, Geschworener, Henker und Totengräber?«
»Alles, denke ich. Ich muß es sein.«
»Gab es für Sie viele schwierige Situationen, in denen Sie ein solches Amt ausüben mußten?«
»Ja. Als einmal zum Beispiel eine illegale Expedition von San Franzisko auf die Kokosinsel kam, sagten sie mir, sie wollten die Insel nur erkunden. Doch sie versuchten, alles Wild abzuknallen. Ich rief den Kapitän des Schiffes in mein selbstgebautes Haus, zeigte ihm mein Beglaubigungsschreiben als Gouverneur und sagte ihm: ›Wenn Sie von nun an nochmals mein Eigentum betreten, muß ich Sie und Ihre Leute als Piraten behandeln.‹ Ich zeigte ihm die costaricanische Flagge, die über unseren Köpfen wehte, und sagte

ihm, daß er sich für jeden Widerstand gegenüber meinen Rechten zu verantworten habe. Er war kein Narr, dieser Kerl. Ich hatte meine Pistolen in diesem Moment bereit, um sie auch zu benutzen. Aber er war klug genug, sich zu entschuldigen und mit seinen Abenteurern wieder abzusegeln.
Ein anderes Mal konnte ich eine Meuterei stoppen, indem ich meine Faust zwischen die Augen des Anführers schlug. Er ist so hart gefallen und so weit, daß alle Meuterer wegrannten.«
»Haben Sie denn nicht manchmal Angst?«
»Nein, ich habe keine Angst. Niemals!«

★

Leben! Abenteuer! Reisen! Das war es, was schon dem jungen Gissler immer wieder durch den Kopf ging. Wenn er an sonnigen Herbsttagen durch die Weinberge streifte, am Rheinufer wanderte, durch die Dörfer schlenderte, dann träumte er von der Ferne, dann spürte er eine unerklärliche Spannung in sich, dann hoffte er auf Veränderung.
Hinaus! Fort! Weiter! Das war es, was er wollte. Er liebte seine Familie, schätzte Wohlstand und Geborgenheit. Aber der Gedanke an ein Leben auf deutsche Art, die Perspektive einer gesicherten Berufstätigkeit im eigenen Unternehmen, die Aussicht auf einen beschaulichen Lebensabend in einer prunkvollen Villa, umgeben von Luxus und Enkelkindern – das alles war August Gissler unerträglich.

So kam es, daß er eines Tages, für alle um ihn herum ganz plötzlich, unerwartet und unerklärlich, das Ruder in seinem Leben herumriß, vom Schiff der Träume umstieg in das Boot der Taten, sein Zuhause verließ, die Heimat, das Land. August Gissler wurde Seemann. Er reiste hierhin und dorthin, anscheinend ziellos und doch völlig bestimmt von seinem Wunsch nach Erlebnis und Abwechslung.

Im November des Jahres 1880 lernte August Gissler in London zwei Seeleute kennen – den Zweiten Ingenieur und den Steward der »Highflyer«. Gemeinsam zogen sie ein paarmal durch Hafenkneipen, lachten und redeten viel miteinander, und als Gisslers neue Freunde ihm vorschlugen, auf ihrem Schiff für eine Fahrt nach Honolulu anzuheuern, begann seine Reise in ein neues Leben.

Wenig später stach das Schiff mit Gissler an Bord in See. Nach zwanzig Tagen erreichte die »Highflyer« die Azoren, wo 450 portugiesische Auswanderer an Bord gingen. Die meisten von ihnen hatten Verträge abgeschlossen, um für fünf Jahre als Plantagenarbeiter in den Zuckerrohrfeldern Hawaiis zu arbeiten. Doch viele glaubten bald nicht mehr daran, daß sie die Überfahrt lebend überstehen würden. So fürchterlich peitschte der Regen, so durchdringend heulte der Sturm, und so wild tobte die See, als die »Highflyer« Kurs auf Kap Hoorn hielt. Beinahe täglich gab es an Bord Aufregung und Probleme. Mal mußte ein Segel gekürzt werden, mal war an Deck etwas zu reparieren, und immer wieder passierte es, daß gewaltige

Brecher die Seeleute gegen den Mast oder die Reling schleuderten.
Die meisten der Portugiesen wurden seekrank; am schlimmsten freilich traf es den Ingenieur. Er wurde von herabstürzenden Aufbauten so schwer verletzt, daß er unter Deck in der Koje liegen mußte und nicht in der Lage war, irgend etwas zu tun. Doch seine Arbeit mußte jemand übernehmen, denn als zweitgrößtes Problem neben der gefahrenträchtigen Umrundung von Kap Hoorn erwies sich die Trinkwasserversorgung an Bord. Der Vorrat aus den 45 Tanks war fast aufgebraucht, an Land zu segeln hätte einen zu großen Zeitverlust bedeutet, und so blieb nur noch die Inbetriebnahme der Kondensieranlage, die Salz- zu Trinkwasser machen sollte.
Ganz nebenbei hatte August Gissler seinen Freunden in London damals erzählt, er verstünde etwas von Maschinen. Daran erinnerte sich der Ingenieur in dieser schwierigen Situation, und der Kapitän der »Highflyer« bat Gissler um Hilfe. Der junge Deutsche willigte ein und brachte die Anlage tatsächlich sehr schnell in Gang. Als Lohn für seine Mühe erhielt er jeden Tag, an dem die Maschine Wasser produzierte, eine Flasche Rum. Aber der Preis war hoch: August Gissler war rund um die Uhr beschäftigt und zudem der Unbeliebteste in der Mannschaft. Den Seeleuten wäre es nämlich lieber gewesen, der Kapitän hätte Kurs auf die chilenische Küste nehmen müssen.
»Das wären wenigstens ein paar Tage Landgang gewesen«, pöbelte ein älterer Matrose, den alle »Jack«

nannten, »aber statt dessen müssen wir jetzt Wasser wegen der verdammten Anlage schöpfen . . .!«
»Jawohl – ganz recht!« knurrten die anderen, und Jack spuckte verächtlich vor August Gissler auf die Planken: ». . . Wasser schöpfen für so einen lächerlichen Dandy!«
Nur einer hielt zu Gissler, half ihm unaufgefordert beim Füllen der Wasserflaschen, sprach mit ihm, wenn er eine Pause machte: ein junger Portugiese mit Namen Manoel Cabral. Auch er wollte als Plantagenarbeiter nach Hawaii, doch besaß er keinen Vertrag, hatte seine Überfahrt aus eigener Tasche bezahlt und gehörte, wie Gissler später einmal erzählte, »einer besseren Gesellschaftsschicht an«.
Cabral hatte auf der Reise sein Englisch aufgebessert, Gissler unterdessen ein wenig Portugiesisch gelernt; so verständigten sich die beiden jungen Männer in einem seltsamen Sprachgemisch, an das sie sich jedoch schnell gewöhnten.
Als die Wasserversorgung gesichert war und Gissler wieder mehr Freizeit hatte, traf er sich mit Cabral häufig bei einem Glas Rum in seiner Kajüte. Sie redeten über dieses und jenes, und mit jedem Tag und jeder Unterhaltung wuchs die Freundschaft der beiden, wurde das Vertrauen zu dem anderen etwas größer.
Eines Abends kamen sie, belanglos beinahe, auf ein Thema, das Gisslers Leben entscheidend verändern sollte. Es war wie sooft: eine unbedachte Äußerung, ein halber Satz, der eine ganze Lawine ins Rollen

bringt, ein Ruck, eine Zündung, ein neuer Weg in ein unbekanntes Abenteuer.
»Der Jack ...«, sagte Manoel in jenem bedeutsamen Moment, nahm einen großen Schluck Rum und drehte etwas Tabak zwischen Daumen und Zeigefinger, »... dieser bullige Matrose, mit dem du dich so heftig gestritten hast ...«
»Ja?« fragte August.
»Dieser Kerl«, platzte Manoel heraus, »sieht aus wie ein Pirat!«
»Pirat? Der alte Jack sieht nicht so aus, als würde er den Mut dazu besitzen! Und im übrigen sind solche Zeiten ja wohl auch vorbei, oder? Wie kommst du nur auf so etwas?«
»Jack sieht so aus, wie mein Großvater in seinem Tagebuch immer die Piraten beschrieben hat! Finster und ungepflegt, die Augenklappe und der Ohrring, die polternde Art und das dröhnende Lachen. So sind sie, die Piraten!«
August sog nachdenklich und tief den Tabakrauch ein. Dann fragte er: »Hat dein Großvater Märchen geschrieben?«
»Nein«, erwiderte Manoel, »er hat sie erlebt! Mein Großvater kannte viele Piraten, denn er ist auf vielen Meeren gesegelt – damals, als es noch Piraten gab.«
Eine Weile schwiegen beide. Jeder ging seinen Gedanken und Phantasien nach.
Manoel Cabral erinnerte sich an das Tagebuch seines Großvaters, der als Wegbegleiter wider Willen seine Erlebnisse an der Seite von »Dom Pedro mit dem

blutigen Schwert« niedergeschrieben und seinem Enkelsohn hinterlassen hatte. Und Manoel Cabral erinnerte sich daran, wie sein Großvater von den Seeräubern entführt wurde; wie sie auf der »Relampago« Schiffe beraubt und die Schätze auf eine kleine Insel mitten im Meer gebracht hatten.

August Gissler, der all dies noch nicht wußte, träumte möglicherweise von wilden Piraten und hilflosen Frauen, sah sich als Held mit Dolch und Degen, mit Damen und Diamanten. In seinen Visionen war er damals sicher schon bei jenem Ziel angelangt, zu dem er später tatsächlich kommen sollte – auf einer Schatzinsel.

Plötzlich wurde er zurückgeholt aus seinen kühnen Träumen. Manoel klopfte ihm auf die Schulter: »Hey . . .«, sagte er, »was ist mit dir, wo bist du mit deinen Gedanken? Bei den Piraten?«

Beide lachten. »Kennst du einen Ort, den man Guayaquil nennt?« wollte Manoel nun von August wissen.

»Ja. Das ist in Ekuador. Möchtest du dorthin?«

»Nein, ich möchte zu einer kleinen Insel, die vier Segeltage entfernt von Guayaquil liegt. Und vielleicht kannst du mir helfen!«

August zuckte mit den Schultern: »Was für eine Insel ist das?«

»Auf einer Karte, die in meiner Kajüte liegt, wird sie ›La Palma‹ genannt«, erklärte Manoel.

August Gissler segelte zum erstenmal in seinem Leben auf dem Pazifik, aus persönlicher Anschauung kannte er nichts von diesem Teil der Welt. Doch schon damals, als er im Knabenalter noch in Deutschland gelebt hatte, war das Studieren von Landkarten eine seiner Lieblingsbeschäftigungen gewesen. Jede Bucht und jede Landzunge, jede Meeresenge und jede Insel auf allen Weltmeeren hatte er so mit Augen und Fingern erfaßt. »La Palma« aber, das wußte er genau, war ihm dabei nie begegnet.

Das Meer brüllte, das Schiff ächzte, und die Seekranken stöhnten. Ständig gab es neue Ärgernisse und Arbeit, und August Gissler fand vorerst keine Zeit mehr, sich wieder mit Manoel Cabral zusammenzusetzen.

Einige Tage vergingen so und einige Nächte. Doch dann, eines späten Abends, verabredeten sie sich – dieses Mal in Manoels Kajüte, die er sich mit einem anderen Portugiesen teilen mußte. Sein Mitbewohner war glücklicherweise nicht da, und so hatten beide Gelegenheit, ihr Gespräch fortzusetzen. Manoel kramte aus einem ledernen Beutel ein Bündel heraus und legte es mit bedeutungsvoller Miene auf einen kleinen Tisch.

»Dies«, sagte er leise zu August Gissler, »sind alte Dokumente, die ich von meinem Großvater habe. Es ist eine geographische Karte von ›La Palma‹ dabei und vor allen Dingen: Es ist das Tagebuch meines Großvaters darunter, das ich dir zeigen will.«

Das Bündel Papiere war in ein Wachstuch eingenäht. Manoel riß das Tuch auf und reichte August Gissler einige Blätter. Sie waren in portugiesischer Sprache

geschrieben, ein paar Dutzend Bogen in einer kraftvoll geschwungenen Handschrift, sauber, fast perfekt ausgearbeitet.
»So gut beherrsche ich die portugiesische Sprache nicht«, sagte der Deutsche bedauernd. »Du mußt mir erklären, was dort steht!«
Manoel Cabral nickte: »Dies alles zu übersetzen würde zu lange dauern. Laß mich dir die Geschichte meines Großvaters erzählen!«
Und dann gab er den abenteuerlichen Bericht wieder von jenen Seeräuber-Jahren, die sein Großvater bei Dom Pedro, dem gefürchteten Piraten-Anführer, auf der »Relampago« zugebracht hatte und die dann mit der Prügelei in einer Hafenkneipe so sang- und klanglos endeten.
August Gissler war ein begeisterter und begeisternder Zuhörer. Niemals unterbrach er seinen Freund, niemals wirkte er desinteressiert oder erschöpft. Voller Spannung schien er jedes Wort, jeden Satz, jedes Detail und jede Begebenheit in sich aufzusaugen. Gelegentlich schlug er voll ernsthaften Erstaunens mit der Faust auf den Tisch, starrte Manoel Cabral entgeistert an, schüttelte den Kopf oder nickte zustimmend.
Es wurde eine lange Nacht, und es war der erste Schritt auf einem noch längeren Weg. Am Ende wußte August Gissler: Das war seine Richtung, seine Bestimmung, dort mußte er hin – auf die Insel mit den Schätzen.
Als Manoel fertig war mit der Geschichte seines

Großvaters, fragte August ihn: »Bist du einverstanden, wenn ich mir den Text aus dem Tagebuch deines Großvaters abschreibe?«
»Aber du kannst doch kaum Portugiesisch!« entgegnete Manoel.
August nickte. »Trotzdem will ich es abschreiben. Vielleicht erlerne ich die Sprache eines Tages einmal richtig!«
Manoel hegte keinerlei Mißtrauen gegen den Deutschen. Im Gegenteil, er war stolz, dessen Interesse geweckt zu haben. So willigte er ein und reichte Papier, Tinte und Feder über den Tisch. August Gissler machte sich auch sofort an die Arbeit. Und während er schrieb, berichtete Manoel ihm von der letzten Begegnung mit seinem Großvater, dem alten Piraten.
»Das war im Jahre 1870, ich war damals gerade elf Jahre alt.« Manoel machte eine Pause.
August schrieb weiter. Über das Papier gebeugt und mit der Feder kratzend, sagte er: »Sprich nur, ich höre dir genau zu!«
»Weißt du«, fuhr Manoel fort, »in meinen frühesten Jugendjahren nahm mich mein Großvater oft mit seinem Boot hinaus auf das Meer. Immer und immer wieder sagte er mir dann: ›Du mußt lernen, ein Schiff zu bedienen, du mußt Seemann werden!‹ – ich höre es noch heute. Und immer wollte er auch, daß ich Spanisch lerne. Damals verstand ich nicht, warum.«
Manoel stand auf, ging ein paar Schritte auf und ab, setzte sich dann auf seine Koje. »Ach«, sagte er

seufzend und blickte dabei auf seine Fingerspitzen, »das sind so alte, wehmütige Erinnerungen. Ich will dich damit nicht langweilen!«
August schrieb unentwegt und sah nicht einmal hoch: »Erzähl weiter. Es ist interessant!«
»Ich habe ihn geliebt, meinen Großvater. Obwohl – oder gerade, weil er ein seltsamer Mensch war. Jeden Sonntag ging man bei uns in die Kirche. Nur er wurde dort nie gesehen. Eines Tages hatte ich einen Streit mit einem anderen Jungen, den ich hart schlug. Am darauffolgenden Tag ging seine Mutter deswegen zum Pfarrer. ›Der kleine Pirat‹, soll sie geschimpft haben, ›hat meinen armen Jungen geschlagen! Der verfluchte alte Pirat kommt nie zur Kirche. Wirf den Kleinen hinaus.‹ Am Nachmittag kam der Pfarrer in unser Haus und sprach lange mit meinen Eltern. Und was soll ich dir sagen? Eine Woche später steckte man mich in eine Klosterschule, wo ich dann wohnen mußte.« Wieder machte er eine Pause.
August schrieb und schrieb. »Weiter«, sagte er zu Manoel, »weiter!«
»Weißt du, was meine glücklichsten Tage waren? Wenn ich Ferien hatte und bei meinem Großvater sein durfte. Immer wieder fragte ich ihn dann: ›Bist du ein Pirat?‹ Er antwortete mir nie darauf. Damals kannte ich ja dies alles nicht!« Und damit deutete er auf die Papiere, die vor August ausgebreitet auf dem Tisch lagen.
August nahm ein neues Blatt: »Und dann?«
»Wie eben schon gesagt: Ich war keine elf Jahre alt,

als mein Großvater im Sterben lag. Er ließ mich zu sich rufen. Als ich neben seinem Bett stand, da ... brachen wir beide in Tränen aus ...«
August blickte hoch: »Tränen?« Dann beugte er sich wieder hinunter.
»Wir wußten beide: Das ist die Stunde des Abschieds. ›Mein Junge‹, sagte mein Großvater, ›versprich, das zu tun, was deine Mutter dir von mir auftragen wird.‹ Und zu ihr rief er hinüber: ›Antonia, dein Mann ist ein Narr! Laß den Jungen in der Schule, bis er siebzehn Jahre alt ist. Dann gib ihm die Papiere. Er ist meine einzige Hoffnung!‹
Er nahm meine Hände. Mehr tat er nicht, denn Zärtlichkeiten waren ihm fremd. Ich glaube, er kannte es nicht anders. ›Geh, Manoel‹, sagte er dann zu mir, ›ich habe noch mit deiner Mutter zu reden!‹ Ich verließ das Zimmer, todtraurig, und suchte nach meinem Vater, der im Garten Orangen pflückte.«
August kratzte und kratzte über das Papier und sagte nichts.
»Mein Großvater starb einige Tage später. Nach seiner Beerdigung mußte ich zurück in die Klosterschule. Noch mal für sechs Jahre. Dann kam ich wieder nach Hause. Und siehst du: Jetzt bin ich auf dem Wege, einen Wunsch zu erfüllen und ein Versprechen einzulösen.«

★

Freundschaft – zwischen August Gissler und Manoel Cabral war das eine seltsame Konstruktion. Und wie

sooft bei Reisenden, bei Umhergetriebenen, bei Zielstrebigen: Was am Anfang einer Reise einmal als Freundschaft fürs Leben begonnen hat, endet schon nach wenigen Wochen, sobald die gemeinsame Fahrt vorbei ist.
169 Tage lang war die »Highflyer« unterwegs, dann legte sie im Hafen von Honolulu an. 169 Tage lang waren August Gissler und Manoel Cabral gemeinsam auf dem Schiff unterwegs. 169 Tage, in denen es schien, als sei ihre Bekanntschaft zur echten Freundschaft geworden. Doch als die Ankerketten rasselten, an jenem Samstagmorgen in Hawaii, zeigte sich sehr schnell: Von nun an, mit dem Betreten der Insel, ging jeder seiner Wege.
August Gissler führte stets ein Tagebuch über sein Leben und seine Erlebnisse. So beschrieb er auch, wie in jenen Tagen Ärzte an Bord des Schiffes kamen, Passagiere und Mannschaft musterten, notierte, wie er und andere zunächst in die Quarantänestation kamen und schließlich, nachdem das Schiff entladen worden war, die Mannschaft ausbezahlt wurde. Danach, so heißt es in seinem Tagebuch, »suchten wir uns Logis auf der Insel«.
Kein Wort aber steht da von Manoel Cabral, der ihm doch in jeder Hinsicht so viel anvertraut hatte, mit dem er viele Tage zusammen gearbeitet, mit dem er manche Nacht hindurch geredet hatte. Nie wieder erscheint er, dieser Manoel Cabral, in den Aufzeichnungen August Gisslers, nie wieder taucht er auf im Leben des Deutschen. Ob er jemals zur Insel »La

Palma« kam? Ob er einen oder gar mehrere Schätze fand und bergen konnte? Wir werden es niemals mehr erfahren. August Gissler jedenfalls, der damals so sorgfältig alles aus den Aufzeichnungen des portugiesischen Piraten abgeschrieben hatte, August Gissler kam ans Ziel.
Daß dieses Ziel freilich anders war, als er es sich vorgestellt hatte, das sollte August Gissler erst später erfahren. Zu spät.

★

Nicht die Aufregung und das Abenteuer der Schatzsuche bestimmten in den folgenden Jahren das Leben von August Gissler, sondern Alltag und Arbeit auf den Plantagen von Hawaii. Der Deutsche führte ein karges Dasein und verdiente kaum mehr als das Allernotwendigste zum Leben. Doch Sparsamkeit und Gewissenhaftigkeit brachten ihn dazu, auf Hawaii auszuharren und sich einzurichten, so gut es ging. Die Geschichte mit der Insel ging ihm dabei allerdings niemals aus dem Kopf. Vielleicht war es auch das, was ihn dazu brachte, sein Emigranten-Schicksal nicht als Elend zu werten, sondern als Chance.
Tagein, tagaus ging er frühmorgens auf die Zuckerrohrfelder, kehrte abends erschöpft zurück – Monat für Monat, Jahr für Jahr –, sparte jede Münze und gönnte sich kaum ein Vergnügen. Seine wenigen Freuden waren seine Träume von weiten Reisen und von den Schätzen auf der Insel, das Hoffen und

Warten auf den großen Tag, an dem er Hawaii würde verlassen können, und der gelegentliche Kontakt zu anderen Einwanderern, besonders zu jenen, die auch aus Deutschland stammten.

Einer von ihnen war ein Mann, den August Gissler nur »Bartels« nannte – ein Mittdreißiger, der seit vielen Jahren auf Hawaii lebte, dort mit einer Hawaiianerin verheiratet war, Kinder hatte und eine Farm besaß.

Die Männer verabredeten sich gelegentlich, tauschten Erinnerungen über Deutschland aus, erzählten sich Geschichten und berichteten einander von ihren Erlebnissen vergangener Tage und von ihren Plänen für die Zukunft.

An einem Sonntagnachmittag trafen sie sich wieder einmal, und was Bartels und seine Frau August Gissler da erzählten, war ein weiterer Stein im Kokosinsel-Puzzle. Aus Bartels' Bericht sollte sich eine lange Kette von Ereignissen entwickeln, die Gisslers Leben entscheidend formten.

»Höre jetzt einmal ganz genau zu«, sagte Bartels damals zu Gissler, »ich will dir von einer spannenden Geschichte berichten, die meinem Schwiegervater widerfahren ist!«

August Gissler lehnte sich in seinem Korbstuhl zurück und lauschte Bartels' Erzählung. »Mein Schwiegervater war in jüngeren Jahren Zimmermann auf einem Walfischfänger. Eines Tages, es muß so ungefähr vor fünfzig Jahren gewesen sein, da ankerte das Schiff, auf dem mein Schwiegervater arbeitete, vor einer

Insel, die kaum mehr als 300 Meilen von der costaricanischen Küste entfernt lag.«
Bartels nahm einen großen Schluck Kaffee aus dem Blechbecher, der vor ihm auf dem Boden stand.
»Eine einsame Insel«, sagte er und betonte jedes Wort, »unzugänglich, aber romantisch, unbewohnt, aber voller Tiere, Süßwasser und Kokosnüssen – ein Paradies zum Ausruhen, meinte mein Schwiegervater.«
August Gissler fand, daß Bartels sehr umständlich erzählte und von Dingen sprach, die ihm wenig interessant erschienen. Er drängte seinen Freund, mit dem Bericht voranzukommen. »Weiter«, sagte er, »was ist denn an einem romantischen Paradies zum Ausruhen so interessant?«
»Warte ab«, entgegnete Bartels, »und höre zu! Von der Insel gelangten sie nach San Salvador, und die Leute bekamen Urlaub. Sie trieben sich allesamt im Hafen herum, tranken, saßen in Kneipen – und: Sie spielten. Dabei begegneten sie einem Jungen – ich weiß nicht, wie alt er war, vielleicht zehn, elf Jahre. Er sprach nur spanisch. Mein Schwiegervater allerdings beherrscht diese Sprache auch, und so kamen die beiden ins Gespräch. Der Junge erkundigte sich, woher sie kämen, und mein Schwiegervater antwortete ihm, worauf der Junge sagte: ›Ihr wart auf der Kokosinsel. Dort, wo ich auch unbedingt hin muß!‹
Wie es eben so geht, ein Wort gab das andere. Ich will es an dieser Stelle kurz machen. Mein Schwiegervater erfuhr, daß der Junge Sohn eines Piraten war, der auf

eben jener Kokosinsel Schätze, wertvolle Schätze, vergraben hatte!«
Plötzlich war August Gissler interessiert, mehr als interessiert.
Bartels spürte das und freute sich. »Merkst du, daß es spannend wird?« fragte er seinen deutschen Freund.
»Ja«, antwortete der, »aber besonders gespannt bin ich darauf zu erfahren, warum du das gerade mir erzählst!«
»Einen Moment noch«, bat Bartels, »einen ganz kleinen Moment noch, dann wirst du es wissen! Zunächst noch dies: Der Junge besaß eine Karte, eine Schatzkarte der Kokosinsel. Mein Schwiegervater, ich gebe zu, er war kein besonderer Ehrenmann, luchste dem Jungen das wertvolle Stück Papier ab, indem er ihm zehn Dollar für das Glücksspiel lieh, das die Seeleute gerade zu fassen hatten. Am darauffolgenden Tag, so versprach er dem Piratensohn, sollte der seine Karte wieder auslösen können.
Nun, der Bengel kam auch tags darauf zum Schiff, doch mein Schwiegervater ließ sich absichtlich nicht blicken. Glücklicherweise, ich meine, glücklicherweise für den Vater meiner Frau, legte das Schiff wenig später ab und segelte nach Honolulu, wo sich mein Schwiegervater dann auch niedergelassen hat. Weißt du, er konnte aufgrund eines schlimmen Bruches später seinen Beruf als Zimmermann nämlich nicht mehr ausüben . . .«
»Ja, ja, ja . . .«, grummelte Gissler, »weiter, Bartels, weiter!«

»Also gut. Mein Schwiegervater hat ein Leben lang versucht, zur Insel zu kommen, aber er schaffte es nur bis San Franzisko, ein einziges Mal, aber keine Meile weiter. Und nun, lieber Gissler, nun hat er mir diese Karte gegeben, denn er weiß, dort auf der Insel liegen Schätze, die uns alle reich machen können!«
Gissler fragte: »Und was habe ich mit der Sache zu tun?«, obwohl er in diesem Moment sehr genau spürte, was Bartels von ihm wollte.
Bartels beugte sich ganz weit vor und sprach auf einmal ganz langsam und ganz, ganz leise: »Ich will dahin. Und du mußt mit! Denn das Unternehmen kostet Geld. Und Nerven. Und viel Arbeit. Ich bin so überzeugt von der Geschichte, daß ich meine Farm hier verkaufen werde und alles, was ich an Geld besitze, in diese Sache investieren will. Wie steht es mit dir, Gissler? Machst du mit?«

★

Es war jener besagte Sonntagnachmittag, an dem Bartels Gissler dies alles erzählte und ihn bat mitzukommen. August Gissler, der die ganzen Jahre über auf Hawaii die Manoel-Cabral-Geschichte mit der Insel »La Palma« nicht vergessen hatte, war plötzlich überzeugt davon: Die Insel, die der junge Portugiese damals suchte, und die Insel, die der Deutsche nun aufsuchen wollte, waren identisch! Eine Palmeninsel, eine Insel mit Kokospalmen, eine Kokosinsel, »westlich der Küste von Zentralamerika«, wie der alte

Zimmermann seiner Tochter und seinem Schwiegersohn einen Ausspruch des spanischen Jungen übermittelt hatte, ja, das war sie – die Schatzinsel, nach der er suchen wollte.
Gissler ließ sich von Bartels die Karte zeigen. Sie war alt und vergilbt, mit ausgefransten Ecken und vielen Kniffen und Flecken. Aber die Zeichnung darauf war klar zu erkennen. Gissler sah eine Insel mit zwei Buchten und mit Bergen. Da waren sich kreuzende Linien eingezeichnet, deren Schnittpunkt das Versteck eines Schatzes markierte. Da war die Position der Insel mit 5° 27′ N als Breiten- und 87° W als Längengrad vermerkt, und da standen neben dem Schatzplatz die Worte »Tierra Alta«, Hochland.
»Was hältst du von der Sache?« fragte Bartels und sah Gissler neugierig an.
»Ich wünschte, ich hätte einen Atlas!« antwortete Gissler.
»Der würde dir wenig helfen; ich habe schon in viele hineingesehen – aber die Insel konnte ich in keinem finden!«
»Dann müssen wir eben in eine Navigationskarte schauen!« – Und damit stand fest: Gissler machte mit.
Bartels, der seinen landwirtschaftlichen Besitz für einen guten Preis verkauft hatte, und Gissler, der nur sehr wenig besaß, machten in den folgenden Wochen Pläne, um ihr gemeinsames Projekt zu realisieren. Sehr bald war ihnen klar, daß das vorhandene Geld für eine so aufwendige Reise, für die sie möglicher-

weise sogar ein eigenes Schiff benötigten, nicht ausreichen würde.
August Gissler kam deshalb auf eine geniale Idee. Sie planten mit ihrem bescheidenen Stammkapital die Gründung der »Cocos Island Plantation Company«. Wer risikofreudig war, sollte Aktien dieser Gesellschaft kaufen können. Gissler wollte den Aktionären im Falle eines Fundes eine zweihundertfache Rendite versprechen. Und tatsächlich fanden sich Leute, die bereit waren, sich auf diese Art an dem Unternehmen zu beteiligen.
Auch sonst fehlte es Bartels und Gissler nicht an Helfern aus der Familie und dem Freundeskreis, die ihnen mit Rat und Tat zur Seite standen. Der greise Zimmermann, der es selbst nie geschafft hatte, lebte wieder auf bei dem Gedanken, daß sein Schwiegersohn als reicher Schatzsucher zurückkehren könnte. Der Alte war sein Leben lang ein ängstlicher und vorsichtiger Mann gewesen und deshalb wohl auch nie auf die Kokosinsel gekommen. Daß sein Schwiegersohn und dieser Deutsche nun eine Expedition dorthin unternehmen wollten, erfüllte ihn mit Freude. Doch ebenso mit Angst. Es behagte ihm nicht, daß beide die Fahrt zur Kokosinsel so offen vorbereiteten und aus der Sache – zumindest im engeren Kreise – kein Geheimnis machten.
Am Tag vor der Abreise rief er die beiden Männer noch einmal zu sich und gab ihnen einen Rat mit auf den Weg: »Laßt keine fremde Seele wissen, wohinter ihr her seid, oder ihr werdet Schwierigkeiten haben.

Leute werden euch verfolgen und beobachten. Und ihr werdet nicht nur den Schatz verlieren, sondern auch euer Leben!«

★

In einem langen, ausführlichen Brief an seine Eltern in Deutschland erzählte August Gissler, was er auf seiner Reise mit Bartels im Jahre 1888 erlebt hatte.*
»Somit, am 18. Mai, fuhren wir nach San Franzisco. Er nahm auch noch seinen Sohn mit, elf Jahre alt, was natürlich Unsinn war. Nachdem wir ungefähr sieben Wochen in San Franzisco waren, konnten wir kein passendes Fahrzeug finden. Hätten auch dann noch einige Mann als Matrosen mitnehmen müssen, was er nicht wollte. Er war nämlich bange, wenn das Gold gefunden würde, würden sie ihn umbringen.
So nahmen wir denn Passage bis Puntarenas, gingen in allen Häfen an Land und wußten dann zu gleicher Zeit, dass das gar kein Geheimnis ist, wegen dem vergrabenen Geld. Da sind schon mehrere Expeditionen gewesen, um danach zu suchen. Da soll nämlich ein alter Matrose im Hospital in New Bedford gestorben sein und vorher gesagt haben, dass er einer von den Piraten gewesen sei und das Gold auf der Kokosinsel begraben liegt.

* Die Briefe, die August Gissler auf deutsch geschrieben hat, sind hier in der Originalfassung wiedergegeben. So erklären sich sprachliche Unterschiede zum Gissler-Interview der »New York Times« (vgl. Seite 116).

Wenn wir nach Puntarenas kamen, hörten wir, dass die Regierung Sträflinge drei Jahre auf der Insel hatte, um nach dem Gold zu graben, aber nichts gefunden, und selbige, weil es zu viel Geld kostete, wieder zurückgebracht haben, und sind jetzt wieder auf einer Insel, San Lucas, eine im Golf von Nicoya liegende Insel, welche ein paar Meilen von Puntarenas liegt.
Wenn wir nach Puntarenas kamen, lag ein kleiner Schooner dort, gehörte drei Leuten von Kanada. So wie den nächsten Tag wollten wir an Bord gehen, aber ehe wir hinkamen, kam eine starke Boe auf, die Ankerkette riss und der Schooner ging auf den Strand und brach auf, von der See.
Dann hörten wir von den Leuten, dass die hinter dem Gold hergewesen seien, hatten einen Mann an Bord gehabt, welcher sagte, er wüsste wo das Gold läge, wenn sie aber hinkamen und er es nicht finden konnte, so nach drei Wochen segelten sie ab und wollten den Schooner in Panama verkaufen, konnten aber nicht und kamen dann nach Puntarenas.
Nun zeigten die Seeleute auf der Karte, wo sie schon gegraben hatten, die sagen, da sind Löcher, wo man ein Haus drin begraben kann, und dann frugen sie mich, wo wir gedächten zu graben.
Ich zeigte ihnen nahebei, dann sagten sie, ich solle mir die Mühe ersparen, das wäre ungefähr dieselbe Stelle, wo sie gesucht hatten und ungefähr eine halbe Meile herum ist alles umgegraben gewesen. Da soll nämlich das Piratendorf gestanden haben.

Nun zeigt unser Plan aber an die andere Seite von der Insel. Somit habe ich noch mehr Zutrauen darin. Dann frug ich die Leute, wie es an der anderen Seite aussähe. Die sagten, das ist alles bewachsen mit Schlingpflanzen und von der Seite kann man gar nicht landen. Alles steile Felsen.
Dass das Gold auf der Insel liegt, ist gar kein Zweifel, denn wenn solche Masse gefunden wäre, würde es bekannt sein, es sollen nämlich zwischen 20 und 25 Millionen Dollar sein. Und das könnte nicht geheim gehalten werden.
Aber ob wir es finden werden, ist eine grosse Frage, ich will das beste hoffen und dann ist keiner mehr von unserer Familie, der noch zu arbeiten braucht, das ist mal sicher. Nun weiter, wir waren ungefähr acht Tage in Puntarenas, dann gingen wir nach der Hauptstadt San José und wollten sehen, um mit einem Regierungsschooner nach der Insel zu gehen, nämlich die Costa Rica Regierung offeriert Leuten für nichts, um das Land zu bebauen und somit frugen wir um die Kokosinsel.
Sie sagten, wir könnten genug Land auf dem Festlande bekommen, aber auf der Insel nicht, da sollte nämlich ein großer Schatz begraben sein.
Dann ritten wir wieder nach Puntarenas, wo kurz darauf der Junge krank wurde und sein Vater hatte auch so halb und halb den Mut verloren und war bange, wir könnten nicht nach der Insel, und somit fuhr er wieder zurück, war überhaupt kein Kerl für ein solches Unternehmen, ein richtiges Hasenherz.

So krieg ich den alten Plan und acht Tage nachher kam ein schwedisches Schiff herein, wollte sechs Matrosen haben, konnte aber keine kriegen und so sagte ich dem Kapitän, ich gehe mit, im Falle wir auf der Insel landen und 14 Tage dranwagen, um das Gold zu suchen, wo er drauf einging.
So machten wir einen Kontrakt auf halb und halb und er wollte die Matrosen bezahlen und wir sprachen zu den Matrosen. Sie liessen sich dann bewegen, ohne volle Besatzung in See zu gehen.«
Was August Gissler in seinem Brief über Bartels bemerkt, klingt so schlicht und ist doch eigentlich eine höchst bemerkenswerte Geschichte. Der Mann, der diese Reise initiiert hatte und im Besitz der kostbaren Schatzkarte gewesen war, der Mann, dem Gissler nicht viel mehr bedeutete als ein Begleiter, ein Kamerad vielleicht gerade noch, dieser Mann, der seine Farm verkauft und nur noch für das Ziel Kokosinsel gelebt hatte, der steckte plötzlich auf.
Ein paar Widrigkeiten, ein paar vergebliche Unternehmungen, sein kranker Sohn und seine eigene Schwäche trieben ihn dazu, alles fallenzulassen. Mehr noch: Er gab das wichtigste Dokument aus den Händen, das er besaß – die Schatzkarte seines Schwiegervaters.
Warum er so bereitwillig verzichtete, läßt sich heute nicht mehr ergründen. Tatsache ist jedoch, daß Bartels mit seinem Sohn nach San Franzisko zurückkehrte und daß August Gissler niemals wieder etwas von ihm hörte.

Das war nun schon das zweite Mal, daß der Deutsche in den Besitz von Dokumenten kam, ohne Widerstände und – vor allem – ohne etwas dafür bezahlen zu müssen. Immer war er der Stärkere gewesen, der nicht aufgab, der auch dann unbeirrt weiterging, wenn Probleme auftauchten.

Und Probleme gab es mehr als genug! Schon die erste Fahrt auf dem schwedischen Schiff steckte voller Schwierigkeiten, wie August Gissler in seinem Brief an die Eltern weiterschrieb: »Am 19. September, gerade auf meinen Geburtstag, gingen wir dann in See, hatten aber sehr wenig Wind, bekamen am 19. Cocos Island in Sicht, aber Gegenwind und Strömung trieb nach der Bay von Panama wieder, dann versuchten wir ungefähr zwölf Tage lang, landeten immer, konnten aber nicht näher kommen; das Schiff war nämlich zu groß für unsere Besatzung. Ich wollte aber noch immer versuchen; der Kapitän sagte aber, er könnte sich nicht länger mehr aufhalten, er müsste machen, dass er nach Valparaiso käme, hatte aber auch nicht sehr viel Proviant, hatte aber einen Bruder in Valparaiso, ein alter Kapitän, der hätte ein paar eigene Schiffe – der würde schon ein Schiff dazu hergeben und könnten wir uns Zeit lassen, auf der Insel womöglich ein paar Monate zu bleiben.

So nach einer Fahrt kamen wir Anfang Dezember an, dann habe ich einen Kontrakt beim Notar mit dem Kapitän seinem Bruder, das Original bleibt hier im Archiv liegen und jeder von uns hatte eine Kopie, meinige sende ich Euch, man kann ja nie wissen, was

einem passieren kann, so wenn Ihr keine Nachricht von mir habt bis Ende dieses Jahres, so könnt Ihr mal beim Konsul anfragen. Ebenso sende ich Euch eine Kopie von dem Plan von der Insel.
Wenn ich weg bin von Honolulu und auch später wollte ich Euch die Sache nicht mitteilen, denn Ihr werdet vielleicht denken, ich bin verrückt, aber ich sage Euch, ich bin nie gesunderen Verstandes gewesen. Finden wir das Gold, bin ich sehr bald zu Hause, dann ist ja alles ganz gut. Schlägt es fehl, was ja auch möglich sein kann, werdet Ihr und auch paar Leute mehr sagen, ich wäre ein Schafskopf.
In einigen Tagen werden wir segeln Schiff ›Wilhelmina‹ und werden in fünf Monaten wieder hier sein. Sollte die Sache fehlschlagen, werde ich dann mit dem ersten besten Schiff nach San Franzisco segeln und von da wahrscheinlich wieder nach den Sandwich Inseln.
Briefe treffen mich bis Ende Juli in Valparaiso, Deutsches Konsulat, aber um Gottes Willen macht mir keine Vorwürfe, wenn es nicht gelingt, bin ich auch nicht bei bestem Mute eine Weile.
Hoffentlich seid Ihr noch alle recht gesund, so wie ich, verbleibe ich mit besten Grüssen an Euch, Geschwister und Verwandte
August.«
In seiner »Nachschrift« berichtete Gissler von ersten Erfolgen mit der »Cocos Island Plantation Company«, und die zeigten einmal mehr, daß sich auch nüchtern kalkulierende Geschäftsleute vom Schatzfie-

ber packen ließen und bereit waren, dafür einiges zu investieren:
»Wir haben für 3000 Dollar Aktien verkauft, um die Mehrkosten vom Schiffe zu bestreiten. Für jede 100 Dollar kriegen die Leute 20 000 Dollar, im Falle wir es finden, andernfalls verlieren sie das Geld.
Das Geld ist meistens von den grösseren Kaufleuten gezeichnet worden, eine deutsche Firma ›Benaro‹ hat 400 Dollar gezeichnet.
Nun, wie gesagt, geht es gut, sind wir gemachte Leute, andernfalls muss man auch zufrieden sein.
Ihr braucht dieses ja nicht ausserhalb der Familie wissen zu lassen, das könnt Ihr ja noch immer, wenn wir es gefunden haben.
Wie gesagt, wenn Ihr bald nach Empfang schreibt, trifft mich der Brief hier in Valparaiso. Inzwischen verbleibe ich mit herzlichen Grüssen, Euer Sohn August.«

Ein Mann gibt nicht auf

Als August Gissler an einem Februarmorgen des Jahres 1889 an Deck des Schiffes »Wilhelmina« trat, glaubte er seinen Augen nicht zu trauen: Da lag, wie in einer fernen Welt und doch ganz nah vor ihm, die Kokosinsel.
Die Frühsonne brach mit stumpfgoldenem Licht hinter der Himmelsdecke hervor, Wolken quollen über Bergspitzen und an düstergrünen Felswänden entlang, rissen an mancher Stelle auf und ließen verwirrend helle Lichtstrahlen hindurch. Vögel schwirrten auf, weißschäumendes Wasser fiel von hohen Klippen hinunter ins Meer. Es wurde immer heller und heller und wärmer und wärmer; die Insel, so schien es Gissler, rückte näher und näher, und das, obwohl die »Wilhelmina« in der Wafer-Bucht fest vor Anker gegangen war.
Die Wolken zogen sich zurück; jetzt bemerkte August Gissler, wie hoch die Berge waren, sah die palmenreichen Strände, die von der Brandung ausgefressenen Buchten, entdeckte die tückischen Spitzen der Riffe, die ganz nahe der Insel aus dem Wasser ragten. Das

Meer war still an diesem frühen Morgen, nur hier und da kräuselte es sich im leichten Wind. Das also war sie, die Kokosinsel, »die Schatzinsel, die mir Glück bringen soll«, murmelte Gissler vor sich hin.
Ein Matrose mit einem Fernrohr in der Hand stellte sich neben ihn an die Reling. »Das ist das Eiland, nach dem du so lange gesucht hast?« fragte er August Gissler.
»Ja«, antwortete der Deutsche, »ich denke, wir sind am richtigen Platz. Wann ist die ›Wilhelmina‹ hier vor Anker gegangen?«
»Um Mitternacht«, antwortete der Matrose und guckte dabei durch das Fernrohr hinüber zur Insel. »Da hast du schon in deiner Kajüte geschlafen.«
»Und wann werden wir zum Ufer hinüberrudern?«
Als Antwort bekam Gissler nur ein Schulterzucken, denn der Matrose starrte wie gebannt auf das Meer. »Haie!« sagte er auf einmal leise, als wollte er niemanden erschrecken. »Haie!« Er reichte Gissler das Fernrohr. Tatsächlich: Schwarzgraue Flossen durchschnitten wie Beile das Wasser. Ein ganzer Schwarm zog dort lautlos seine Bahnen. »Die warten auf uns!« flüsterte der Matrose. Gissler gab ihm das Fernrohr zurück. Der Matrose ging nach vorn zum Bug, und während er sich entfernte, sagte er: »Kein Paradies!« Und immer wieder: »Kein Paradies!«
»Hey«, rief Gissler ihm nach, »ich habe dich gefragt, wann wir zum Ufer hinüberrudern!«
Der Matrose drehte sich noch einmal um: »Du kommst noch früh genug dahin, noch früh genug!«

Und dann verschwand er hinter ein paar Säcken und Tauen.
Keine Stunde später gab der Kapitän den Befehl, die Beiboote zu Wasser zu lassen. Alle vierzehn Mann Besatzung ruderten mit Gissler und dem Kapitän zur Insel hinüber. Kaum hatten sie Boden unter den Füßen, waren sie wie besessen. Nicht nur von der »wilden Schönheit« der Insel, wie der Kapitän es nannte, sondern auch von der eigenen schönen Wildheit: Brüllend und schreiend rannten sie am steinigen Ufer entlang, verschwanden hinter mannshohen Farngewächsen, robbten unter Bäumen und Büschen.
Es war wohl die fast kindliche Freude darüber, nach einer ungewissen Reise auf dem Schiff nun endlich wieder Erde unter den Füßen, endlich das Ziel erreicht zu haben. Sie wälzten sich im Sand, stapften durch das Wasser, scheuchten Papageien auf, jagten hintereinander her und lachten und schrien. Als hätte jemand etwas für sie auf der Kokosinsel versteckt, so suchten und wühlten sie. Hinter jeder Orchideenblüte ein Diamant? Am Fuße jeder Palme ein Sack mit Silber? Unter jedem Felsbrocken ein Vermögen?
Nur einer stand ganz ruhig da und dachte nach: August Gissler. Er ließ die Männer getrost weitermachen. Seit er in Puntarenas mitbekommen hatte, daß mehr Leute als er und seine Freunde von den Schätzen auf der Kokosinsel wußten, daß es viele Schatzkarten gab, mehrere Schätze und noch mehr Menschen, die danach suchten, hatte er eine andere Einstellung zu den Dingen bekommen.

Wenn es stimmte, was Manoel Cabrals Großvater aufgeschrieben hatte, wenn wahr sein sollte, was Bartels Schwiegervater erzählt hatte, dann gab es auf dieser Insel genug für alle. Ja, mehr noch: Dann brauchte man sogar Leute, die einem halfen, alles zu bergen. Wichtig war nur, daß es einen gab, der das Sagen hatte, den Überblick, das Durchsetzungsvermögen und die Organisationsfähigkeit. Für August Gissler bestand keinen Augenblick ein Zweifel: Dieser Mann war er.

Und während die anderen immer noch wie aufgescheuchte Hühner hin und her rannten, setzte er sich auf ein dickes Moospolster und ordnete seine Gedanken. Dieses also war die Wafer-Bucht. Dort drüben, wo der Fluß »Genio« ins Meer mündete, sollte sein Haus stehen – ein hölzernes Haus auf Pfählen, mit einer Treppe und einem Spitzdach, an dem der Tropenregen herunterrinnen könnte, mit Veranda und Meeresblick, mit einer ordentlichen Tür und kleinen Fenstern.

Ihm war klar, daß es ein hartes Stück Arbeit werden würde. Er dachte in diesem Moment nicht nur an das Häuschen, das er für sich bauen wollte. Er dachte an eine kleine Kolonie, an ein Dorf gar, mit Wegen, Plantagen, einem Sägewerk vielleicht. Und er dachte an die Suche nach den Schätzen.

August Gissler stand auf von seinem Mooskissen und sah sich um. Wie dicht der Urwald war, wie fremd diese Tropenwelt wirkte. Eine Insel, auf der die Natur regierte – prächtig und verschwenderisch, schroff und

abweisend. Kein Ort für menschliche Schwäche, ein Platz nur für Eroberer.
Ja, ein Eroberer, das wollte er sein. Einer, der die Kokosinsel bezwang. Ein Mann, der über Hitze und ständigen Regen siegte, über die Einsamkeit und wucherndes Grün, über Insektenschwärme und Hoffnungslosigkeit. Ein Mann, der reich entlohnt werden würde für all diese Kämpfe und Entbehrungen.
»Die Schätze sind auf dieser Insel«, überlegte August Gissler. »Ich werde suchen. Und ich werde etwas finden!« Er sollte, in diesem Punkte zumindest, recht behalten.

★

Wenn man August Gisslers Geschichte auf der Kokosinsel weiter verfolgt, fühlt man sich ein wenig an Robinson Crusoe erinnert: eine einsame Insel und ein Mann, der sich dort einrichten will.
Zwar hatte Gisslers Leben in den folgenden Monaten viel von einer gewissen »Schiffbrüchigen-Romantik«. Er baute tatsächlich ein kleines Haus, das er mit drei Matrosen bezog. Sie schlugen sich mit Buschmessern den Weg frei, schossen Wildschweine, fingen Fische und grillten ihr Essen am offenen Feuer. Sie duschten unter Wasserfällen und badeten in kleinen Seen, die von Wasserströmen in Jahrhunderten aus den Basaltfelsen geformt worden waren. Sie erkundeten die Insel, erkletterten Anhöhen und entdeckten die Chatham-Bucht mit ihren zahllosen Steinen, auf de-

nen sie die gemeißelten Inschriften früherer Besucher entzifferten.
Doch bei allen Jugendträumen, die auf der Kokosinsel Wirklichkeit wurden, bei allem Abenteurerleben war August Gissler doch kein Robinson. Er war freiwillig und mit einem klaren Ziel auf die Insel gekommen. Und das hieß nicht: »Zurück zum Kontinent!«, sondern das Ziel lautete: »Die Insel bezwingen und Schätze finden!«
Nachdem sein Haus fertig war und er sich einige Monate umgesehen hatte, beschloß August Gissler, nach Valparaiso zurückzukehren. Er kaufte dort Proviant ein, um die einseitige Insel-Speisekarte zu beleben und für einen längeren Zeitraum von Fischfang und Jagd unabhängig zu sein. Er blieb einige Zeit in der chilenischen Hafenstadt und reiste dann Ende September mit dem Schiff »Clorinda« wieder auf die Schatzinsel.
Bereits im Dezember war der Proviant aufgebraucht. Er benötigte auch neue Ausrüstungsgegenstände, besaß aber kein Geld mehr. Also verließ August Gissler wieder einmal »seine« Insel, fuhr als Seemann auf einem Kohleschiff nach Coronel in Chile, stattete sich mit dem Verdienst neu aus und kehrte im Oktober 1890 auf die Kokosinsel zurück.
Diesmal blieb Gissler vier Monate, in denen er hart arbeitete. Dann segelte er hinüber nach Puntarenas, lebte eine Weile in Costa Rica, um mit der Regierung über eine vertragliche Regelung seines Lebens auf der Kokosinsel zu verhandeln, und besuchte anschließend

Deutschland – nicht aus Heimweh, sondern aus finanziellen Gründen.
August Gissler war nicht nur ein spleeniger Schatzsucher, er war auch ein cleverer Geschäftsmann. Er hatte die »Cocos Island Plantation Company« gegründet, er hatte für diese seltsame Gesellschaft, deren Präsident er war, Geld aufgetrieben, das ihm, seinen Plänen und seinen Reisen diente. Und er handelte als eben dieser Präsident einen Vertrag mit der Regierung aus, der ihm das Recht einräumte, auf der Insel zu leben und zu suchen.
Auch sein Besuch in Deutschland wurde für den Handlungsreisenden in Sachen Kokosinsel ein finanzieller Erfolg. Das Geld, das er dort bekommen hatte, ermöglichte ihm größere Reisen und Investitionen in das »Kokosinsel-Projekt«. Während einer dieser Reisen nach Deutschland lernte August Gissler dann schließlich seine Frau Klara kennen, die ihm auf die Kokosinsel folgte und mit ihm dort lebte.
Im Mai des Jahres 1895 kamen sieben weitere Familien mit einem amerikanischen Schiff auf die Insel. Es waren deutsche Familien, die sich in der Ferne ein neues Leben, ein neues Glück erhofften; Leute, die August Gissler durch Freunde und Verwandte in der Heimat kennengelernt hatte; Menschen, die überredet worden waren zu einem waghalsigen Abenteuer.
Sie alle arbeiteten bis zum Umfallen, legten Bananen-, Brotfrucht-, Papaya- und Kaffeeplantagen an, bauten Hütten und sogar ein kleines Sägewerk, züchteten Haustiere. Doch beim ständigen Kampf ums

tägliche Dasein blieb kaum Zeit und Kraft für ihre eigentlichen Pläne, für die Suche nach dem Gold, das sie überhaupt in diese Tropeneinsamkeit gelockt hatte, und so verloren sie nach und nach den Mut.
Was für ein schreckliches Klima, die hohe Luftfeuchtigkeit, die Wärme, der Regen! Welch eine Arbeit, welch karges Leben, welch magerer Lohn! Statt Freude: Last, statt Schätzen: Heimweh, statt Wohlleben: Hunger! Im September waren alle Vorräte aufgebraucht, die anfängliche Hochstimmung der Menschen war in Aggression und Depression umgeschlagen.
Der unermüdliche, unerbittliche August Gissler schrieb am 5. Dezember 1895 an seinen Schwager Hermann nach Remscheid: »Ich hatte letztes Jahr zu hart gearbeitet, neun Häuser, Schleusen und Brücken gebaut.« Über seine deutschen Mitarbeiter, über die Familienväter, die Männer, von denen August Gissler sich eine tatkräftige Unterstützung erhofft hatte, äußerte er sich enttäuscht:
»Der ›Moltke‹ von der Bayernburg, wo wir zusammen waren, ist nichts wert, zu faul zu arbeiten und hat unsere Leute aufgehetzt. ›Steiz‹ hat sich auch verleiten lassen. ›Ried‹ hatte recht, wenn er sagte, er tauge nicht viel. Ich hatte Steiz mit ins Boot genommen und jetzt will er hier an Land bleiben, gut, ich lasse ihn laufen. Und ebenso werde ich alle diejenigen, welche Krakel gemacht haben, wegschicken.«
Weil der Proviant erneut zur Neige gegangen war, hatte August Gissler in jenem Herbst 1895 ein Boot

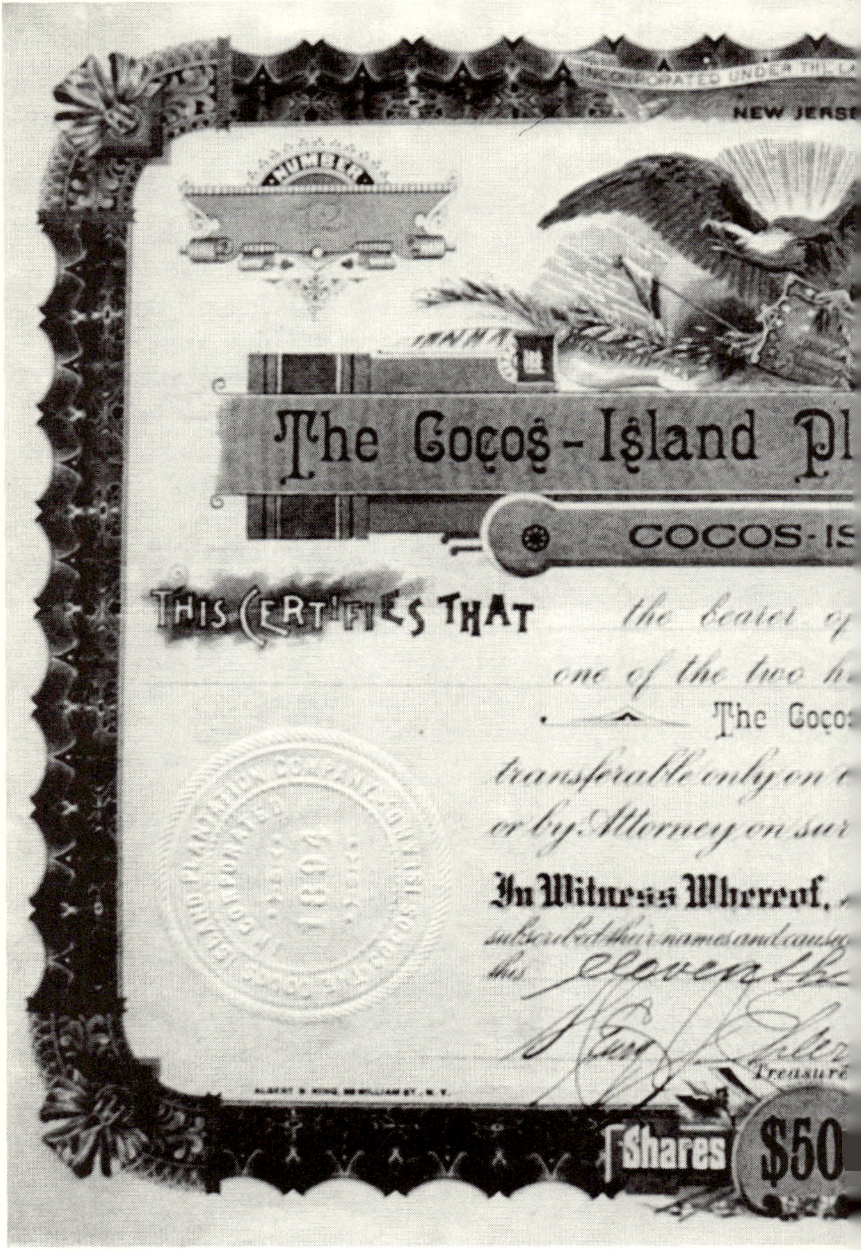

INCORPORATED UNDER THE LA
NEW JERSE
NUMBER
The Coços-Island Pl
COCOS-IS
THIS CERTIFIES THAT
the bearer of
one of the two h
The Coços
transferable only on
or by Attorney on sur
In Witness Whereof,
Treasure
Shares
$50

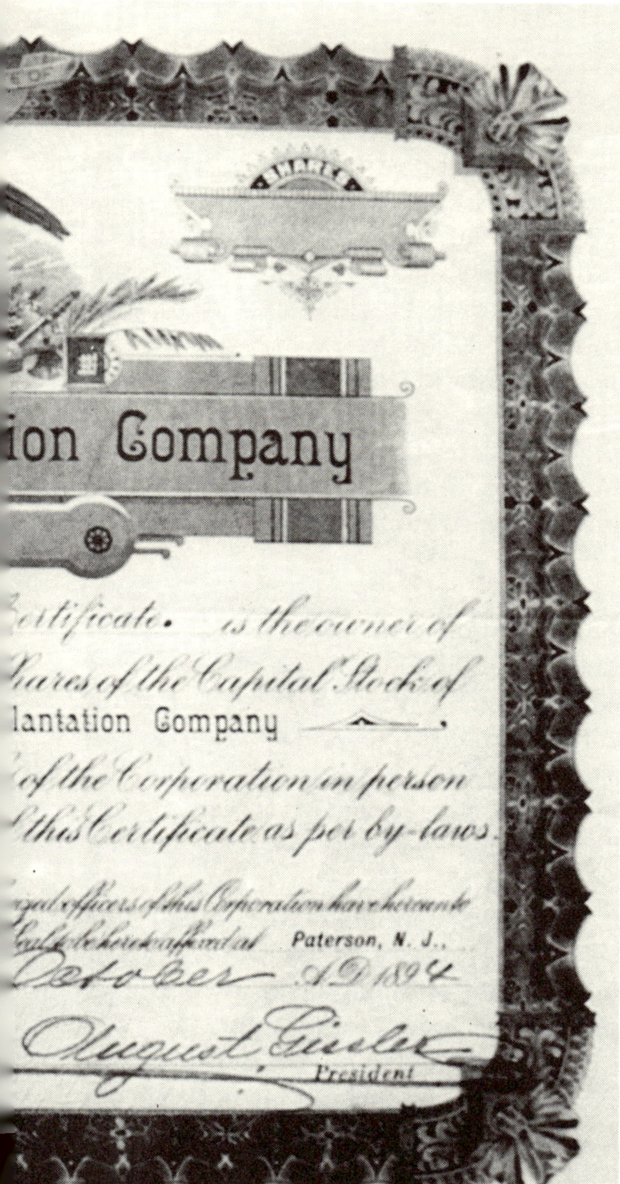

Zur Finanzierung seiner Schatzsuche gründete August Gissler eine Aktiengesellschaft

gebaut und war mit dreien seiner Männer zum Festland hinübergesegelt. Dort passierte es dann: Die drei Deutschen »desertierten«, wie Gissler es später ausdrückte. Sie wollten nicht mehr auf die Insel zurück, dieses für sie so grauenvolle, verfluchte Eiland, und gingen in ihrer Angst und Abscheu so weit, daß sie ihre Frauen einfach dort ließen.

Was müssen das für Zustände und Umstände gewesen sein, die drei Ehemänner dazu brachten, sich einfach und ganz plötzlich abzusetzen, irgendwo auf dem südamerikanischen Kontinent zu verschwinden, die ihnen angetrauten, anvertrauten Ehefrauen zurückzulassen?

August Gissler ließ sie ihrer Wege gehen. Er selbst begab sich, wieder einmal, zum Präsidenten von Costa Rica, handelte einen neuen Vertrag aus, in dem er »bessere Konditionen« für seine Kolonie erreichte. Was das bedeutete, erläuterte er kurz darauf seinem Schwager Hermann:

»Durch heutiges teile ich Dir mit, dass ich mit der hiesigen Regierung einen neuen Kontrakt gemacht habe und nach diesem Kontrakt gibt mir die Regierung, im Falle ich den Schatz bis ersten Januar 1900 gefunden habe, 3000 Hektar Land auf der Insel als Eigentum, und für jede Familie soviel als dieselben kultiviert haben und noch die Hälfte mehr. Hier sind einige andere Leute, welche bei der Regierung waren und wollten nach dem Schatz suchen. Da habe ich den neuen Kontrakt gemacht... Die Regierung beansprucht ein Drittel von dem Schatze, im Falle, dass ich

ihn finde und dann müsste ich noch einigen Leuten so und soviel Prozent davon unterschreiben. Was uns übrigbleibt, ist die Hälfte. Finden wir etwas, dann ist es soviel, dass ich und Ihr noch mehr als genug an der Hälfte hätten. Finden wir nichts, ist uns das Land sicher und das wird mit der Zeit eine ganze Masse Geld wert sein.«
In dem Vertrag wurde darüber hinaus festgelegt, daß regelmäßig das Transportschiff »Turrialba«, von Costa Rica aus kommend, die Kokosinsel anlaufen sollte, um die Inselbewohner mit Proviant und Post zu versorgen. Mit diesem Schiff, so beschloß August Gissler, wollte er die drei Frauen, deren Männer geflüchtet waren, auf das Festland zurückschicken, damit sie nach Hause reisen könnten.

★

August Gissler schob seine beiden Pistolen in den Gürtel, steckte sich die Sammlung der verschiedenen Schatzkarten, die er mittlerweile besaß, in die eine und etwas Tabak in die andere Hosentasche. Dann gab er seiner Frau einen Kuß, verabschiedete sich von den anderen und sagte: »Ich werde ein paar Tage unterwegs sein. Macht eure Arbeit, bis ich wiederkomme!«
Regelmäßig unternahm er solche Exkursionen. Mal marschierte er der höchsten Erhebung der Insel entgegen, dem 624 Meter hohen »Cerro Iglesias«, mal stieg er über die Anhöhe zur Chatham-Bucht hinun-

ter, mal wanderte er kilometerweit am Ufer entlang, mal drang er, so weit es ging, ins Inselinnere vor. Wenn er zu einem der Plätze kam, wo auf seinen Karten ein Schatz eingezeichnet war, untersuchte er die Stelle genau. Fand er nichts, so kroch er auf dem Boden weiter, Meter für Meter, wühlte zwischen Baumwurzeln und Farngestrüpp und grub die Erde um, wo immer er ein weiteres Versteck vermutete.

Eines Tages, August Gissler war auf der Suche nach einer Palme, die mit einem »X« markiert sein sollte, entdeckte er etwas, das ihn zutiefst bestürzte: Jemand mußte vor ihm an dieser Palme gewesen sein, hatte dort gegraben und kleine Höhlen und ein Labyrinth von Gängen hinterlassen, die inzwischen von Schlingpflanzen überwuchert waren. Und das Schlimmste – in den Stamm der Palme hatte der Vorgänger »The bird is gone« eingeritzt: »Der Vogel ist ausgeflogen.«

Gissler war wie erschlagen. Wer hatte das getan? Was sollte das bedeuten? War der Schatz gefunden, oder hatte sich jemand nur einen schlechten Scherz machen wollen?

August Gissler brauchte eine Weile, um sich von diesem Schreck zu erholen, doch einen Grund zum Aufgeben sah er nicht. Er erfuhr nie, was es mit dieser Entdeckung auf sich hatte, und machte einfach weiter – so, als wäre nichts gewesen. »Schließlich«, so tröstete er sich, »gibt es nicht nur den einen Schatz auf dieser Insel!«

Das hatte sich offenbar weiter herumgesprochen, als Gissler ahnen konnte. Fast jedes Jahr kamen nun

Expeditionen von Schatzsuchern aus aller Welt auf die Kokosinsel. Es waren freundliche und weniger freundliche Menschen, manchmal düstere Gestalten, die Gissler mit seinen Pistolen vertreiben mußte, manchmal aufgeschlossene Abenteurer.

Manche blieben nur einige Tage, manche hielten sich längere Zeit auf, ein paar halfen August Gissler und seinen Landsleuten bei der Arbeit, zumeist in der Hoffnung, durch Gissler an die Schätze heranzukommen. Doch die entbehrungsreiche Einsamkeit und das Tropenklima waren selbst für manch hartgesottenes Rauhbein eine Strapaze, der die meisten nicht gewachsen waren.

Das Versorgungsschiff »Turrialba«, das August Gissler ursprünglich von der Regierung angefordert hatte, um sich und seine Leute regelmäßig mit dem Notwendigsten beliefern zu lassen, wurde zu einem wahren Fluchtschiff. Jedesmal, wenn es die Anker lichtete, saßen wieder ein paar Deutsche an Bord, die es auf der Insel nicht mehr ausgehalten hatten und nun bereitwillig auf jeden Schatz verzichteten.

Als schließlich nur noch August Gissler, seine Frau und ein letzter Kolonist zurückgeblieben waren, kam auch die »Turrialba« nicht mehr. Mehr als zwei Jahre lebten die drei ohne Verbindung zum Festland. Die Vorräte waren fast vollständig aufgebraucht, und es hatten sich noch immer keine Reichtümer angefunden. Mutlosigkeit kam auf.

August Gissler blieb nichts anderes übrig, als erneut ein Boot zu bauen, um damit zum Festland zu segeln

und für Hilfe und Nachschub sorgen zu können. Es war ein schwieriges, ein trauriges, ein langwährendes Unterfangen. Mit Hilfe seiner Frau und des letzten Deutschen, der ihm auf der Insel noch zur Seite stand, schafften sie es.
Fünf Tage dauerte die Überfahrt nach Puntarenas. Von dort reisten die drei auf einem Schiff nach Amerika und schließlich nach Europa, in die Heimat. Ein Jahr lang blieben August Gissler und seine Frau fort von der Kokosinsel.

★

Während dieser Zeit besuchte Fred Hackett die Insel zum zweitenmal. »In einem Jahr werde ich zurückkehren«, hatte er August Gissler 1897 versprochen. Nun waren beinahe fünf Jahre vergangen, seit Fred Hackett dem Deutschen die Unterlagen und die Schatzkarte John Keatings übergeben hatte, und er hoffte immer noch auf seinen Anteil.
Am 17. April 1902, nach einer ruhigen Überfahrt vom kanadischen Vancouver, ankerte die Brigantine »Blakeley« in der Chatham-Bucht. Das Meer war spiegelglatt, und so ließen Hackett und die anderen Expeditionsteilnehmer ein Beiboot zu Wasser und ruderten direkt hinüber zur Wafer-Bucht. Dort wollten sie Gissler begrüßen und ihn nach seinen Erfolgen bei der Schatzsuche befragen. Aber er war nirgends zu finden.
»Verdammt!« fluchte Fred Hackett. »Sollte der Kerl

etwa den Schatz gefunden haben und abgehauen sein? Verflucht! Sind wir umsonst gekommen?«
Doch nachdem er sich genauer umgesehen hatte, war ihm klar, daß die Leute hier in karger Armut gelebt und Schwerstarbeit geleistet hatten. Nichts deutete hin auf einen plötzlichen Reichtum, auf das Bewegen großer Gold- oder Silberschätze, und auch an der Stelle, wo er das Vermögen vermutete, fand Hackett kein leeres Loch, sondern nur durchwühlten Boden.
Beruhigt machten es sich Hackett und die Männer in den Häusern bequem, die von den Deutschen erbaut worden waren, und gingen an den darauffolgenden Tagen selbst auf die Suche. Doch ständig mußten sie ihre Arbeit unterbrechen. Es regnete Tag und Nacht, Nacht und Tag, 24 Stunden rund um die Uhr; es schüttete vom Himmel, alles war grau und düster. Drei Wochen lang ging es so.
»Wir arbeiteten wie die Verrückten«, erzählte ein Expeditionsteilnehmer später, »bewegten Hunderte von Tonnen Gestein und lehmige Erde, ohne etwas zu finden. Es beruhigt mich zu wissen, daß wir nicht die einzigen Idioten waren!«
Am 11. Mai gab Fred Hackett endgültig auf. Er und seine Freunde reisten mit der »Blakeley« gen Norden. Sie beschäftigten sich fortan nie mehr mit der Kokosinsel und schon gar nicht mit der Suche nach einem Schatz.
Doch es gab noch jemanden, dem die Kokosinsel jahrelang keine Ruhe gelassen hatte und der wie ein Schreckgespenst wieder im Leben der Gisslers auf-

tauchte: Haffner, dieser düstere Kerl, der schon der Witwe Keating nicht ganz geheuer gewesen war.
Obwohl sonst eher schweigsam, posaunte er nach seiner plötzlichen Abreise von der Insel überall Schatzgeschichten herum. Den kanadischen Kapitän John C. Voss zum Beispiel begeisterte Haffner mit dem Versprechen auf »schnelles Geld« und zeigte ihm eine Karte mit dem Hinweis: »Umrunde Morgan's Point. Bleibe auf dieser Seite und folge dem Verlauf des ersten Baches, an den du kommst. An dessen Spitze liegt der Schatz.«
So einfach schien das, doch als Voss dann tatsächlich bereit war, eine Expedition zur Kokosinsel zu finanzieren, sprang sein Partner plötzlich ab. Haffner wollte höher hinaus. Bei seinen zahlreichen Unterhaltungen hatte er nämlich den britischen Admiral Henry Palliser kennengelernt, der ebenfalls sehr schnell vom Kokosinsel-Fieber befallen war. Und während Kapitän John C. Voss enttäuscht und verärgert allein mit seiner Mannschaft die Reise antrat (die er übrigens nach ein paar Wochen vergeblicher Suche sehr schnell wieder abbrechen sollte), brachte Haffner den englischen Admiral dazu, gleich ein Kriegsschiff zur Insel zu schicken.
Dadurch wurde die Kokosinsel, das exotisch-einsame Abenteurerdorado, mit einem Schlag zum politischen Problem: die Kokosinsel, ein Außenposten Costa Ricas, bedroht von einem britischen Kriegsschiff unter dem Kommando des bedeutenden Admirals Henry Palliser!

Es sollte ein dramatischer Zwischenfall werden. Nachdem August Gissler und seine Frau im Dezember 1902 zurückgekehrt waren, verbrachten sie die folgenden Monate allein auf der Insel. Doch wieder wurden die Vorräte knapp, und wieder blieb das Versorgungsschiff aus, wieder trieb es den Deutschen hinüber zum Festland. Gissler reparierte sein Boot, setzte als Segel ein Bettlaken aus der Aussteuer seiner Frau und ließ sie allein auf der Insel zurück. So kam es, daß Klara Gissler wenige Tage später vollkommen hilflos einem tobenden Admiral Palliser und, kaum zu glauben, einem Heer von dreihundert englischen Soldaten gegenüberstand.
Haffner spielte sich von Anfang an als großer Wortführer auf, ließ Gisslers Frau brutal unter Arrest stellen und stachelte die Soldaten zu schrecklichen Taten an. Sie sprengten Löcher in das Gestein, durchwühlten die Erde, zerstörten Gisslers Pflanzungen. Sie fanden nichts und hinterließen ein Trümmerfeld.
Als sie schließlich an Bord des Kriegsschiffes zurückbefohlen wurden und bei Nacht und Regen verschwanden, brach Klara Gissler zusammen. Ihr Mann fand sie kurz darauf in einem erbarmungsvollen Zustand. Doch er gab noch immer nicht auf. Im Gegenteil. Gouverneur Gissler erstattete Bericht bei der Regierung Costa Ricas, die wegen der Verletzung territorialer Rechte eine Beschwerde nach London schickte.
Die Engländer reagierten sofort. Admiral Palliser wurde seines Amtes als Befehlshaber der gesamten

Pazifikflotte enthoben; kein Kriegsschiff dürfe sich, so der Ukas weiter, künftig der Insel nähern.
Der »Skandal Palliser« machte weltweit Schlagzeilen. Er sorgte dafür, daß noch mehr Menschen auf die Schatzinsel aufmerksam wurden. Und auch der Admiral verlor keineswegs sein Interesse an dieser Angelegenheit.

★

Das einsamste Ehepaar auf der ganzen Welt: August und Klara Gissler hatten nur noch einander.
Unermüdlich arbeiteten die beiden, richteten zum Teil wieder auf, was die britischen Soldaten zerstört hatten, aber in jeder freien Minute suchten sie weiter nach den Schätzen. Für ein paar Monate hatten die beiden Ruhe vor Fremden. Doch die Ruhe vor Fremden sollte sich als Ruhe vor dem Sturm erweisen.
Der englische Großgrundbesitzer Graf Fitzwilliam, der von der Palliser-Affäre gehört hatte, nahm Kontakt zum Ex-Admiral auf. Er wollte eine große Summe Geld für eine Kokos-Expedition zur Verfügung stellen und überredete Palliser, das Unternehmen zu leiten.
Wichtigste Grundlage war dabei ein Schriftstück, das angeblich aus der Hand eines »Relampago«-Piraten stammte und eine Beschreibung des Schatzversteckes enthielt. Graf Fitzwilliam stellte Henry Palliser Geld, Leute und ausreichend Zeit zur Verfügung, um alles vorzubereiten. Ein Jahr lang wurde recherchiert und

gearbeitet. Dann, Anfang Oktober des Jahres 1904, verließ die Yacht »Véronique« den Hafen von Southampton.
Es war die aufwendigste und bestausgerüstete Expedition, die damals die Kokosinsel erreichte. In den letzten Dezembertagen des Jahres 1904 ankerte das Schiff in der Chatham-Bucht, und Graf Fitzwilliam, Henry Palliser sowie fünfzig Mann Besatzung betraten Gisslers Reich.
Der Deutsche dachte zunächst, die englische Marine sei zurückgekehrt. Wie wild fuchtelte er mit seinen Pistolen herum, befahl den Männern zu verschwinden und schrie: »Nur mit einer Lizenz dürfen Sie auf dieser Insel nach Schätzen graben. Und diese Lizenz kann nur ich Ihnen geben. Ich, der Gouverneur. Aber Sie bekommen sie nicht!« Und nochmals brüllte er sie an, sie sollten die Insel verlassen.
Doch Graf Fitzwilliam war ein äußerst geschickter und diplomatischer Mann. Er sprach ruhig und vernünftig auf Gissler ein, brachte ihn tatsächlich auch zur Ruhe, und schon wenig später saßen Fitzwilliam, Palliser und Gissler mit Frau Klara im »Gouverneurspalast« beisammen und tranken gemeinsam auf das Wohl der Welt.
In ausführlichen Gesprächen einigte man sich darauf, daß Gissler mit einem gewissen Anteil am Schatzfund beteiligt werden sollte. Zusammen unterschrieben sie einen Vertrag, dann verließen die Männer die Wafer-Bucht und zogen sich in die Chatham-Bucht zurück, wo sie mit ihren Leuten suchen wollten. Tagelang

hörten die Gisslers nichts von den englischen Inselbesuchern, und als der besorgte Gouverneur eines Morgens die Anhöhe hinüberstieg, fand er die Bucht verlassen vor. Verlassen und zum Teil zerstört.
Das war geschehen: Die Engländer hatten am Silvestertag ein Feuerwerk besonderer Art entzündet – große Sprengungen im Osten der Bucht, nahe einem Wasserfall. Dabei ereignete sich ein schreckliches Unglück. Felsbrocken flogen bei der Explosion durch die Luft, töteten einige Männer und verletzten viele, unter ihnen auch Graf Fitzwilliam. Am Neujahrstag verließ die »Véronique« die Insel; die Kranken wurden notdürftig an Bord versorgt und nach einigen Reisetagen in Panama in ein amerikanisches Hospital gebracht.
Fitzwilliam und Palliser versuchten, den Vorfall geheimzuhalten, was ihnen jedoch nicht gelang. Sie mußten sich später im Buckingham-Palast vor König Edward VII. verantworten. Nur seiner guten Laune an jenem Tage hatten sie es zu verdanken, daß sie ungeschoren davonkamen.

★

Klara Gissler verlor mit jedem Tag und jedem Monat, den sie länger auf der Kokosinsel blieben, mehr Mut und Hoffnung. Ihr Mann war immer noch nicht reich geworden, fand aber kaum die Zeit, weiterhin nach Schätzen zu suchen. Zumeist beschäftigte er sich mit Neuankömmlingen, handelte Verträge mit ihnen aus, überwachte sie, vertrieb sie, schützte sein Eigentum, segelte zum Festland, um für den Nachschub an Lebensmitteln und Gerätschaften zu sorgen, reiste bis nach Europa und in die USA, um dort Geld aufzutreiben.

Einmal kaufte er in Florida ein Schiff, mit dem er in Richtung Costa Rica unterwegs war, und geriet in einen schweren Sturm. Sein Schiff ging unter, er selbst wurde in letzter Minute von Fischern gerettet und von ihnen gesundgepflegt. Er schlug sich dann mittellos durch bis Costa Rica und kehrte erst nach einem Jahr auf die Insel zurück. Ein Jahr, in dem seine Frau wieder allein lebte. Ein Jahr, in dem sie kein Lebenszeichen von ihm erhalten hatte. Ein Jahr, in dem sie hungern mußte, sich bei einem Sturz den Arm brach und ihn nicht richtig schienen konnte; zwölf Monate Last und Leid und Kampf und Kummer.

Als August Gissler sie wiedersah, seine Klara an sich drückte und sie küßte, da wußten beide: So konnte ihr Leben nicht weitergehen.

»Laß uns diese schreckliche Insel verlassen!« flehte sie ihren Mann an. »Laß uns zum Festland reisen, irgendwohin, wo wir nicht kämpfen müssen gegen diese schreckliche Natur und die grausamen Menschen, wo wir aufhören können zu suchen und zu reisen, zu hoffen und zu verzweifeln.«

Im Jahre 1908 gab August Gissler endlich dem Drängen und Bitten seiner Frau nach, gab zu, daß ein Leben auf der Kokosinsel unerträglich geworden war.

Beide gingen nach New York und lebten zurückgezogen in einem Apartment mitten in der Stadt.
Jahrelang versuchte August Gissler nun dort, aus der Kokosinsel doch noch Kapital zu schlagen. Gemeinsam mit seinem Freund Campbell, den er in Nordamerika kennengelernt hatte, führte er Gespräche mit der US-Regierung, um ihr seine Rechte an der Insel abzutreten. Er bot sie als strategisch und wirtschaftlich interessanten Platz nahe beim Panamakanal an, doch die USA zeigten kein Interesse. Gut möglich, daß sie diesen deutschen Sonderling nur belächelten, denn schließlich gehörte die Insel zu Costa Rica, und ein ehemaliger Schatzsucher war wohl kaum berechtigt, solche Verhandlungen zu führen oder gar Verträge abzuschließen.
Später versuchte Gissler immer wieder, allen möglichen Schatzsuchern seine Kenntnisse über die Insel zu verkaufen, doch er selbst sah die nebelverhangenen Felsen nie wieder. Als seine Frau im Sterben lag, hatte ihr August Gissler auf dem Totenbett das Versprechen geben müssen: »Ich werde niemals auf die Kokosinsel zurückkehren!« Zu sehr hatte sie unter der Schatzsuche ihres Mannes gelitten, zu sehr war ihr wohl bewußt, wieviel Energie und Lebenszeit für einen anscheinend leeren Wahn verlorengegangen waren.
Freilich: Auch nach dem Tod seiner Frau kam August Gissler nicht los vom Kokos-Syndrom. 1927, zwei Jahre, nachdem er Witwer geworden war, verfaßte er einen mehr als vierzig Seiten langen Brief an den

englischen Offizier Tenient Williams, einen leidenschaftlichen Schatzsucher, der von Gissler Informationen über die Kokosinsel erbeten hatte.
In diesem Schreiben forderte er »im Erfolgsfalle ein Viertel des Fundes«. Noch immer – fast zwanzig Jahre nach seinem endgültigen Abschied – sah sich August Gissler als Herr der Kokosinsel.
Am 8. August 1935 schloß der Deutsche in New York für immer seine Augen. Kurz bevor er starb, sagte er einem Freund: »Der Schatz ist auf der Insel, aber es wird eine Menge Zeit und Geld kosten, ihn zu heben. Die Arbeit, die ich einst begann, muß zu Ende geführt werden.«
In seiner Erinnerung zog noch einmal der junge Portugiese Manoel Cabral vorbei und sein Landsmann Bartels; er sah ein letztes Mal die Kokosinsel, sein Haus und seine Plantagen, die Wafer-Bucht und die vielen Steine in der Chatham-Bucht; er dachte an seine tapfere Frau Klara und an die deutschen Auswandererfamilien; an Schatzkarten und Verträge; an Europa und an seine Heimat, an Amerika und an sein neues Zuhause.
Und vor allem flackerte da zum allerletztenmal jener Moment auf, den er lange vor aller Welt geheimgehalten hatte, jenes Erlebnis, das er nur sehr wenigen anvertraut hatte, jener Moment, der so köstlich, so unwiederholbar war und der ihn so lange angetrieben und selbst in ausweglos erscheinenden Situationen immer wieder ermutigt hatte, weiter zu hoffen und weiter zu suchen.

Er war damals gerade zwei Jahre auf der Kokosinsel, als er bei einem seiner Ausflüge mit der Karte des alten Zimmermannes, des Schwiegervaters von Bartels, an einen Platz kam, wo am Fuße eines hohlen Baumes ein Schatz vergraben sein sollte.
August Gissler legte die Karte auf die Erde, beschwerte sie zum Schutz vor dem Wind mit einem Stein und begann dann mit Schaufel und Messer, den Baum und den Boden zu bearbeiten. Wie oft hatte er schon so auf der Erde gekniet, voller Hoffnung, daß er endlich einmal für all seine Mühen und Qualen belohnt würde. Und wie oft hatte er schon enttäuscht feststellen müssen, daß wieder alles vergebens war. Doch dieses Mal dauerte es kaum ein paar Minuten, da stieß er mit seiner Schaufel auf Widerstand.
Sein Herz schlug wie verrückt. Mit den Händen riß er wucherndes Farnkraut zur Seite, schlug mit dem Knauf seines Messers auf irgend etwas Hartes. Es klang wie Metall. Er griff in das Erdloch hinein, packte einen kleinen Gegenstand, nahm ihn heraus und hielt ihn hoch gegen die strahlende Sonne. August Gissler hatte etwas gefunden, hatte wirklich etwas gefunden! In seiner Hand funkelte ein Handschuh aus purem Gold. Er schrie es in die Einsamkeit der Insel, in die Weite des Meeres, in die Unendlichkeit des Himmels hinaus: »Ich habe etwas gefunden! Ich habe etwas gefunden! Ich habe etwas gefunden!«
Schnell kniete er noch einmal nieder, griff wieder hinein in die winzige Schatzhöhle und holte Goldmünzen ans Tageslicht, geprägt in den Jahren 1773 und

1799. Doch sosehr er auch weiterwühlte und weitergrub: ein Goldhandschuh und 33 Münzen – das war alles in beinahe zwanzig Jahren.
Ein letztes Blitzen und Funkeln in den Augen des Sterbenden. »Könnte ich nochmals jung sein, würde ich von neuem anfangen!« sagte er leise. Dann war August Gissler tot.

Der Millionen-Betrug

Den größten Ansturm erlebte die Kokosinsel in den dreißiger Jahren dieses Jahrhunderts. Oft waren mehrere Schatzsucher-Expeditionen zur selben Zeit dort, manchmal bohrten, gruben oder sprengten bis zu zweihundert Menschen an den unterschiedlichsten Stellen nach Gold und Geld. Abenteurer trafen sich in den Buchten, im Dickicht an Flüssen oder auf Bergspitzen, beinahe so, wie sich heute Urlauber an Ferienorten über den Weg laufen. Die Schatzsucher freilich begegneten sich nicht mit Freundlichkeiten und Fotolächeln, sondern mit Argwohn und Angst. Sorgfältig darauf bedacht, daß keiner dem anderen auf die Schliche kam, hüteten sie ihre Geheimnisse und Suchplätze.

Schatzkarten gab es in jenen Tagen unzählige. Seit der Zeit der Piraten hatten sie sich auf seltsame Weise und massenhaft vermehrt. Jeder, der über ein Exemplar verfügte, wähnte sich natürlich als einziger im Besitz der echten und wahren Karte, fühlte sich als derjenige, der allein das Geheimnis der vergrabenen Schätze kannte. Doch so verschieden sie auch alle gewesen

sein mochten, die in jenen Jahren auf die Kokosinsel kamen, eines hatten sie doch gemeinsam: Keiner entdeckte ein richtiges Versteck, niemand wurde fündig.
Da war zum Beispiel der amerikanische Backhefe-Fabrikant Julius Fleischmann, der – genau wie sein Onkel Max ein Jahr vor ihm – im Oktober 1931 zum Zeitvertreib mit seiner Yacht »Camargo« zur Kokosinsel reiste. Sein größter Fund und sein größtes Abenteuer: Er entdeckte drei junge Männer, die als Schiffbrüchige sechs Monate auf der Insel umhergeirrt und dabei fast verhungert waren.
Da kamen im selben Jahr die Inhaber der kanadischen Firma »Metalphone Company«, die ihren neuerfundenen Detektor ausprobieren wollten. Einen Detektor, der angeblich auch in großen Tiefen Metall aufspürte. Die Unternehmer erhielten von der costaricanischen Regierung eine Zwölf-Monate-Lizenz zur Schatzsuche, aber der Detektor erwies sich als unbrauchbar. Doch weil die ganze Reise ein Vermögen gekostet hatte, wollten die Kanadier unbedingt – und auf andere Art und Weise – an den Schatz herankommen: Sie sprengten rücksichtslos immer neue Löcher in den Boden; Löcher, teilweise so groß wie Einfamilienhäuser. Nach einem Jahr der Verwüstung gaben sie auf – ohne Fund und ohne Finanzen. »Metalphone Company« war ruiniert.
Einen anderen Besucher, den amerikanischen Geschäftsmann Don Lamb, hätte die Fahrt fast noch mehr gekostet – er verlor nämlich beinahe sein Le-

ben. Sein Traum war es, einmal wie Robinson Crusoe zu leben. Dabei entschied er sich jedoch nicht für die Juan-Fernández-Inseln, auf denen Daniel Defoe seine »Robinsonade« spielen läßt, sondern für die Kokosinsel, weil ihn die immensen Schätze dort reizten. Also startete er 1935 gemeinsam mit seiner Frau Ginger und seinem kleinen Hund für drei Monate auf die Kokosinsel.

Sie hatten alles genau geplant. Im ersten Monat wollten sie bauen und basteln, im zweiten Monat die Insel erkunden und im letzten schließlich den Schatz finden. Weil sie in der Wafer-Bucht zu ihrer Überraschung jede Menge fertiger Hütten vorfanden, vertrieben sie sich in den ersten Wochen die Zeit mit dem Anlegen eines kleinen Golfplatzes und eines Weges, den sie – für die Kokosinsel wohl eher unpassend – »Broadway« nannten.

In den darauffolgenden Wochen wanderten sie über die Halbinsel »Presidio«, erforschten die Chatham-Bucht und die »Esperanza-Bucht«, kletterten über Gebirgskämme und schlugen sich durch das Dickicht Wege ins Inselinnere. Dabei rutschte Don Lamb einmal ganz unglücklich aus, griff beim Abstützen mit der rechten Hand in seine Machete und schnitt sich zwei Finger ab. Seine Frau verarztete ihn, so gut sie konnte, und Don Lamb überstand den Unfall.

Schon kurze Zeit später verspürte er stechende Schmerzen im Unterleib. Ginger Lamb diagnostizierte eine Blinddarmentzündung und machte sich daran, ihren Mann, dessen Schmerzen stündlich unerträglicher wurden, zu operieren. Doch bevor es dazu kam, hörten sie Schiffssirenen – Rettung in allerletzter Minute.

Für eine andere Kokosinsel-Reisende, die Deutsche Margo Schneider, gab es keine Rettung. Sie kam ebenfalls in den dreißiger Jahren zur Kokosinsel – als »Medium«, das vorgab, Kontakt zu dem Piraten Benito Bonito zu haben. Ein deutscher Yachteigner, Dr. Hubert Mazenick, hatte Margo engagiert, damit sie ihn, von Piraten-Geisterhand gelenkt, zum Schatz führen sollte. Doch die magisch-mystische Suche klappte nicht; das Medium mußte passen. Darüber soll Mazenick derart in Wut geraten sein, daß er Margo Schneider umbrachte und ihre Leiche im Osten der Wafer-Bucht verscharrte. Ob diese Mord-Mutmaßung nun der Wahrheit entspricht oder nicht – sicher ist: Das »Medium« Margo Schneider wurde nie wieder gesehen.

Englische Schriftsteller machten sich genauso auf die Suche wie kalifornische Millionäre; der Nachfahre von Admiral Cochrane, Victor Frederick Cochrane Hervey, war auf der Kokosinsel, ebenso wie etwa, am 9. Oktober 1935, der amerikanische Präsident Franklin D. Roosevelt, der mit zwei Kriegsschiffen anrückte und die Exkursion vor allen Dingen zum Fischfang nutzte.

Zu den vielen Besuchern gehörte auch der Maharadscha Hari Singh aus Kaschmir. Er kam mit seiner Frau auf dem Schiff »Western Queen« zur Kokosinsel. Kommandant und Eigner dieses Schiffes war der britische Kapitän Charles Arthur, ein erfahrener Seemann und Abenteurer. Er steckte voller Tatendrang und Ideen, und genau das führte ihn eines Tages zu einer Entscheidung, die einen der größten Reinfälle in der Geschichte der Kokosinsel-Schatzsuche nach sich ziehen sollte.

★

Kapitän Charles Arthur war besessen von dem Gedanken, daß er derjenige sein könnte, dem es gelingen würde, die Reichtümer der Piraten zu heben. Seine Reise mit dem Maharadscha, für ihn leider eine allzu kurze Stippvisite, hatte ihm immerhin einen Eindruck von den Gegebenheiten auf der Insel verschafft.
Nachdem der indische Fürst in Puntarenas mit seinem Gefolge von Bord gegangen war, versuchte Charles Arthur bei der costaricanischen Regierung eine Schatzsucher-Lizenz zu erhalten. Da aber zu jenem Zeitpunkt immer noch die Kanadier mit ihrer »Metalphone Company« auf der Insel suchten und eine offizielle Genehmigung besaßen, wurde sein Ansuchen abgelehnt.
Charles Arthur erkannte sofort die Situation und verzichtete darauf, noch einmal illegal auf die Insel zurückzukehren. Statt dessen verstand er es in zähen Verhandlungen, sein Schiff, das ihm in England kaum 2500 Dollar eingebracht hätte, in Costa Rica für 10 000 Dollar zu verschachern.

Mit dem Geld in der Tasche reiste er zurück nach London. Während der Überfahrt hatte er sich einen großartigen Plan ausgedacht, und er begann sofort mit dessen Realisierung. Gemeinsam mit einigen Briten, die allesamt Expeditions- und Schatzsuche-Erfahrung hatten, gründete er die Firma »Spanish Main Exploration Inc.«. Daraus entwickelte sich, von Charles Arthur durch komplizierte Vertragspunkte kontrolliert, die Aktiengesellschaft »Treasure Recovery Ltd.«. Das Aktienkapital des Unternehmens betrug immerhin 75 000 englische Pfund, aufgeteilt in 300 000 Aktien zu fünf Shilling das Stück.
Zu den Direktoren der Aktiengesellschaft gehörten außer Charles Arthur, der sich bewußt im Hintergrund hielt, Stratford Jolly, im Firmenprospekt ausgewiesen als Forscher der »Sacambaya Treasure Expedition 1928« sowie »Montezuma Treasure Expedition Guatemala 1930« und Besitzer des Küstenseglers »Vigilant« – eines Schiffes übrigens, mit dem Jolly auch schon zur Kokosinsel gesegelt war. Ferner gab es Kapitän Charles Osborne Polkinhorne, Besitzer der »SS Gunner«, mit der er im Jahre 1925 eine Expedition zur Kokosinsel unternommen hatte. Weiterhin Eric Norman Alers-Hankey, Admiral Thomas John Spence Lyne, Commander Frank Arthur Worsley sowie Sir Ernest Shakleton von der »Antarctic Expedition 1921« und Leiter der »Arctic Expedition 1925« und schließlich noch Commander Joseph Russel Stenhouse, »Kapitän der ›S. Y. Aurora‹ bei Shakletons Antarctic Expedition«.

Respekteinflößende Namen, Titel und Expeditionen, aufwendige Broschüren und Prospekte, ein spannendes Abenteuer, das große Gewinne bei niedrigem Einsatz versprach: In wenigen Wochen waren alle 180 000 Aktien, die auf dem freien Markt angeboten worden waren, verkauft. 120 000 Aktien wurden unter den »Direktoren« verteilt, wobei Charles Arthur und seine Frau den größten Anteil erhielten.

In straffem Tempo und mit perfekter Organisation ging es nun an die Reisevorbereitungen. Ein reicher amerikanischer Bankier, Anthony Drexel aus Philadelphia, stellte gegen eine dreiprozentige Gewinnbeteiligung seine 600-Tonnen-Yacht »Queen of Scots« zur Verfügung, und Ende August im Jahre 1934 war es dann soweit. Das Schiff, komplett ausgerüstet mit allem, was man zur Schatzsuche braucht, legte ab. Bereits am 26. September ging es in der Wafer-Bucht vor Anker.

Schon bis zu diesem Punkt des Unternehmens war manches seltsam und unkorrekt verlaufen. So hatten Charles Arthur und die anderen Direktoren der »Treasure Recovery Ltd.« den ahnungslosen Aktionären verschwiegen, daß die Insel zu Costa Rica gehörte. Ja, mehr noch, sie hatten in ihren Broschüren nicht darauf hingewiesen, daß eine Schatzsuche nur mit einer costaricanischen Regierungsgenehmigung möglich war, die zugleich auch – im Falle eines Fundes – eine erhebliche Gewinnbeteiligung des Staates bedeutete.

So hieß es beispielsweise in einer Werbebroschüre,

schwammig formuliert und bewußt verfälscht: »Seit die Schätze auf der Insel vergraben wurden, zur Zeit der spanischen Kolonialherrschaft nämlich, und seitdem dieses Imperium nicht mehr existiert, ist das Risiko einer Fremdforderung auf den Kokosinsel-Schatz sehr klein, wenn überhaupt möglich!«
Wollte Kapitän Arthur illegal und unter Ausschaltung des mittelamerikanischen Staates an das vergrabene Vermögen herankommen? Jedenfalls ließ er bei der Kanaldurchfahrt in Panama fälschlicherweise »Tahiti« als Bestimmungshafen registrieren – was den Expeditionsteilnehmern letztlich zum Nachteil geriet. Vorerst jedoch errichteten die Männer von der »Queen of Scots« auf der Insel ihr Lager, hißten am zweiten Tag die englische Fahne und erkundeten dann seelenruhig die Insel. Man wollte sich Zeit lassen. Proviant und Ausrüstung reichten mindestens für ein Jahr.
Schon nach wenigen Tagen wurden die Pläne der Organisatoren durchkreuzt. Der Chefingenieur stürzte bei einer der Exkursionen von einem Felsen ab und verletzte sich so schwer, daß er mit dem Schiff zum Festland gebracht werden mußte. Man entschied sich dafür, bis nach Panama zu fahren – lästige Fragen der costaricanischen Regierung wollte man vermeiden. Achtzehn Expeditionsteilnehmer blieben auf der Kokosinsel, während sich die anderen um den Chefingenieur kümmerten. Doch auch in Panama baten die Beamten der staatlichen Hafenbehörden um Erklärungen: »Wo sind die anderen Mitglieder der Mannschaft?«

Charles Arthur sah sich gezwungen, eine korrekte Antwort zu geben: »Sie befinden sich noch auf der Kokosinsel!«
Diese Auskunft sorgte bei den panamesischen Behörden für heftige Aufregung. Sie verständigten sofort die Regierung von Costa Rica. Diese wiederum schickte noch am selben Tag ein Schiff mit fünfzig Soldaten zur Kokosinsel, die die illegale Expedition gefangennehmen sollten.
Nachdem die Soldaten auf der Insel angekommen waren, holten sie zunächst die britische Fahne ein, stellten die Engländer unter Arrest und forderten schließlich ein zweites Schiff an, denn die Expeditionsausrüstung war so umfangreich, daß sie auf dem einen Schiff allein nicht abtransportiert werden konnte.
Es dauerte mehrere Tage, bis das gesamte Expeditionsgut verladen war, und nochmals einige Tage, bis die beiden Schiffe den Hafen von Puntarenas erreicht hatten. Am 29. Oktober 1934 tagte dann das Gericht. Die Engländer fanden milde Richter: Es wurde zur Strafe nur die komplette Ausrüstung einbehalten; die Expeditionsteilnehmer dagegen durften auf der »Queen of Scots« unbehelligt zurück nach Großbritannien reisen.
Einer freilich war bei der Verhandlung in Costa Rica nicht mit dabei: Kapitän Charles Arthur. In Panama hatte er seine Geschäftspartner und Freunde bereits im Stich gelassen und sich Richtung Heimat aus dem Staube gemacht. Als die anderen Ende November des

Jahres 1934 in England eintrafen, schmiedete er bereits wieder neue Pläne.

★

Ein neuer Anfang – ein neues Glück? Ausgerechnet den Namen »Veracity« – Wahrhaftigkeit – gaben Kapitän Charles Arthur und seine Geschäftspartner dem Schiff, mit dem sie zu ihrer zweiten Kokosinsel-Reise starten wollten.
Arthur und die anderen hatten sich inzwischen wieder versöhnt, denn wichtig war für alle nur das eine Ziel – die Schätze zu finden. Die finanziellen Verquickungen, die unbezahlten Rechnungen, die Vielzahl der Aktionäre und die umfangreichen Presseberichte ließen ihnen im übrigen auch gar keine andere Wahl, als gemeinsam weiterzumachen. Wenige Wochen vor der Abreise der »Veracity« bekam Kapitän Charles Arthur in den Geschäftsräumen der »Treasure Recovery Ltd.« Besuch.
Seine Sekretärin kündigte den Fremden an: »Draußen steht ein Mann; er heißt George Lane und verlangt den höchsten Direktor zu sprechen – und nur ihn!«
»Was will er?« fragte Charles Arthur, der anderes im Kopf hatte, als neue Kontakte zu knüpfen.
»Ich weiß es nicht. Er tut sehr geheimnisvoll!«
»Schicken Sie ihn herein. Aber sagen Sie ihm gleich: Ich habe nur wenig Zeit.«
Die Sekretärin verließ den Raum und kam nach wenigen Sekunden mit dem Besucher zurück. Sie führte

ihn zu Arthurs Schreibtisch und schloß dann die Tür hinter sich. Der Mann machte auf Charles Arthur den Eindruck eines ehrlichen und einfachen Kerls – nicht dumm, aber ungebildet, der Typ des guten Kumpels von nebenan, der einem in jeder Situation zur Seite stehen wird.

»Guten Tag, Sir!« sagte der Fremde höflich und verbeugte sich dabei ein wenig. »Mein Name ist . . .«

»Ich weiß!« knurrte Charles Arthur. »Fassen Sie sich kurz. Ich nehme an, meine Sekretärin hat Ihnen gesagt, daß ich wenig Zeit habe?«

»Ja!«

»Also?«

»Ich habe, Sir, in der Zeitung gelesen, daß Ihr Unternehmen erneut zu dieser Insel fahren will, wegen der Schätze, und . . .«

»Setzen Sie sich! Wenn Sie Arbeit suchen, haben Sie bei uns gute Chancen. Aber ich bin nicht der Personalchef.«

»Sir, ich suche keine Arbeit. Lassen Sie mich kurz erzählen: Ich bin die letzten Jahre zur See gefahren, bei der kolumbianischen Marine. Inzwischen habe ich mich auszahlen lassen und lebe in der Nähe von London, in South-End-on-Sea.«

»Nett«, murmelte Charles Arthur und blätterte in einem Stapel von Akten, der sich auf seinem Schreibtisch türmte.

»Ich sage das nur, Sir, weil . . ., um Ihnen zu erklären . . . Also: Von Kolumbien nach England bin ich an Bord des Schiffes ›Karibe‹ gekommen, das zur Ham-

burg-Amerika-Linie gehört. Auf der Überfahrt habe ich mich mit einem Maschineningenieur angefreundet, einem Belgier, er heißt Petrus Bergmann. Er hat sich Geld bei mir geliehen, wissen Sie, und so haben wir uns kennengelernt...«
Charles Arthur trommelte mit den Fingern seiner rechten Hand nervös auf die Schreibtischplatte. Die umständliche Art dieses bulligen Seemannes machte ihn rasend. Er begriff nicht, was an dieser Geschichte für ihn interessant sein sollte.
»So, mein lieber Freund«, sagte er, »und nun haben Sie kein Geld mehr und wollen sich bei mir etwas verdienen, oder?«
»Ich sagte bereits, Sir, ich suche keine Arbeit!«
»Sondern?«
»Petrus Bergmann hat mich gebeten, mal bei Ihnen hereinzuschauen.«
»Warum?«
»Also... er... es war so: Nachdem ich ihm Geld geliehen hatte, sagte er mir, ich würde es eines Tages tausendfach zurückbekommen. Da habe ich nur gelacht!«
»Hätte ich auch!« sagte Charles Arthur.
»Nein, Sir, Sie verstehen nicht. Petrus erklärte mir auch, warum ich es eines Tages tausendfach zurückbekommen würde. Er hat viele Reisen in seinem Leben unternommen. Und er erzählte mir von einer Fahrt zur Kokosinsel. Er war dort. Und er weiß, wo die Schätze verborgen sind. Und er bat mich, weil er zur Zeit in Belgien sein muß, doch einmal bei Ihnen

anzufragen, ob Sie Interesse hätten, er sagte, daß er möglicherweise ... wenn Sie ...«
Charles Arthur sprang auf. Er griff zum Telefonhörer und kurbelte, um eine Leitung zu bekommen.
»Charles?« rief er in die Muschel. »Hier ist Charles. Ja. Du mußt sofort kommen. Und die anderen auch. In Ordnung. In einer halben Stunde. Ende.« Er legte den Hörer auf die Gabel zurück. Dann wandte er sich wieder George Lane zu: »Möchten Sie eine Tasse Tee?«
»Gern, Sir.«
Charles Arthur ließ für seinen Besucher und sich Tee bringen. Beide setzten sich auf ein Ledersofa, und der »Treasure Recovery«-Direktor hatte plötzlich sehr viel Zeit.
»Ich habe eben per Telefon ...«, sagte er und deutete dabei zum Schreibtisch hinüber, »die anderen Direktoren herbeordert. Sie werden in der nächsten halben Stunde kommen. Dann müssen Sie Ihre Geschichte noch einmal erzählen. Tut mir leid!« Dabei versuchte er zu lächeln, was ihm jedoch mißlang.
»Kein Problem, Sir!«
»Sagen Sie mal, Mr. Lane, warum ist dieser Hackmann ...«
»Bergmann, Sir, Bergmann!«
»Ach ja, Verzeihung. Warum ist dieser Bergmann denn ausgerechnet jetzt in Belgien? Warum kommt er nicht selbst zu uns? Die Sache ist doch ungemein wichtig!«
»Er kann nicht. Er sitzt im Gefängnis!«

»Himmel!« Charles Arthur war entsetzt. Das konnte wohl kaum ein seriöser Mann sein: ein Belgier, der im Gefängnis sitzt. »Nun ja«, dachte er aber dann bei sich, »du hast ja selbst auch beinahe im Gefängnis gesessen. Was heißt das heutzutage schon: im Gefängnis zu sitzen. Die besten Männer waren schon hinter Gittern.« Er wandte sich wieder an George Lane, der, deutlich vernehmbar, in großen Schlucken seinen Tee schlürfte.

»Warum ist er im Gefängnis?«

»Eine alte Sache, Sir. Fahnenflucht. Nicht genug Geld für seinen Anwalt, wissen Sie? Er sitzt in Antwerpen. Ich schicke ihm ab und zu einen Brief. Tabak. Und Zeitungen ...«

»Nett«, murmelte Charles Arthur erneut.

Die Unterhaltung dehnte sich. Arthur gingen die Fragen aus, und es ärgerte ihn, daß Lane nicht mehr über die Schätze auf der Kokosinsel sagen wollte oder konnte. Endlich kamen auch die anderen Direktoren. George Lane trug seine Geschichte zum zweitenmal vor. Danach wurde er mit freundlichen Worten hinauskomplimentiert.

»Sie hören von uns!« rief Charles Arthur ihm über den langen Gang des Büros hinterher. »Vielen Dank für Ihren Besuch!«

In der nachfolgenden Konferenz beschloß man, daß Charles Osborne Polkinhorne nach Antwerpen reisen und Petrus Bergmann aufsuchen sollte.

»Wir werden die Abreise der ›Veracity‹ verschieben«, erklärte Charles Arthur abschließend, »und abwarten, welches Ergebnis deine Reise nach Belgien bringt.«

★

Drei Tage nach dieser Unterredung ließ Charles Polkinhorne noch einmal nach George Lane schicken, um über ihn den Namen und die Anschrift von Bergmanns Anwalt zu erfahren. Dann machte er sich auf die Reise nach Antwerpen. Der Anwalt empfing Polkinhorne sofort und brachte ihn zu seinem Mandanten in das Antwerpener Gefängnis. Petrus Bergmann war zunächst abweisend, spröde und überaus vorsichtig, denn, so seine Begründung, was er zu berichten habe, sei von »unschätzbarem Wert«.
Erst nachdem sein Anwalt ihm zugeredet und Polkinhorne versichert hatte, daß man – sofern seine Informationen zutreffend seien – mit der Expedition bis zu seiner Entlassung aus dem Gefängnis warten und ihn am Gewinn beteiligen würde, erst da war Bergmann bereit, seine Geschichte zu erzählen.
»Sie wissen, wie ich heiße, Sie wissen, wo ich herkomme. Ich bin 41 Jahre alt und als Ingenieur zur See gefahren. Ich habe viel erlebt, doch das Aufregendste war meine Entdeckung auf der Kokosinsel.
Es war das Jahr 1929. Ich weiß es noch wie heute: der 28. Juli. Wir segelten mit der Yacht ›Westward‹, die einem Mr. Young aus Seattle gehörte und von einer Filmfirma gechartert worden war, von San Pedro in Kalifornien nach Panama.

Als wir uns vor der nicaraguanischen Küste befanden, brach ein Hurrikan los. Kennen Sie die ›Papagayos‹-Stürme, die aus den Anden kommen? Plötzlich sind sie da, ohne Warnung toben sie über dir und vernichten dich.

Unser Schiff versank wie ein Stein. Nur der Kapitän und ich konnten uns retten. Drei Tage lang trieben wir in einem kleinen Beiboot auf dem Meer – ziellos und ohne Hoffnung. Endlich sahen wir eine kleine Insel. Das schien unsere Rettung, und nach zwei Tagen schafften wir es tatsächlich, an Land zu kommen.

Als wir das Ufer betraten, erklärte mir der Kapitän, er würde die Insel kennen. ›Cocos‹, murmelte er immer wieder, ›Cocos‹. Ja, es war die Kokosinsel. Und nahe am Ufer entdeckten wir die verlassenen Ruinen eines Dorfes, das ein Deutscher angelegt haben soll, der August Gissler hieß.

Wir säuberten eine Hütte von Ungeziefer und Dreck und Pflanzen und machten es uns bequem. Nun ja, bequem... so bequem, wie es auf einer einsamen Insel eben geht.

Und dann wurde der Kapitän krank, schwerkrank. Ich mußte ihn allein in der Hütte zurücklassen, um mich nach etwas Eßbarem auf der Insel umzusehen. Ich weiß heute nicht mehr, wie lange ich bis weit ins Dickicht hinein unterwegs war, aber plötzlich passierte es: Unter meinem linken Fuß gab der Boden nach, und ich versackte in einem Loch. Zwischen einem Gewirr von Wurzeln und Schlingpflanzen konnte ich mich schließlich festhalten, um mich dann vorsichtig

umzuschauen. Unter mir war so etwas wie ein Tunnel. Ich kroch voran, stützte mich vorsichtig ab, gelangte tiefer und tiefer und landete in einer Höhle – ungefähr 40 mal 15 Schritte groß.
In dem schwachen Tageslicht, das in die Tiefe fiel, entdeckte ich Haufen von Gold und Silber, zahllose Münzen, die überall auf dem Boden verstreut lagen, goldene Statuen, wie ich sie aus katholischen Kirchen kannte, seltsames Gerät mit Ornamenten, Kisten voller Edelsteine und zwei große Truhen, die noch verschlossen waren.
Irgendwo dazwischen lag ein Skelett, etwas weiter fand ich Pergamentrollen und einige Dokumente, die schlecht zu lesen waren. Aber fast alle, das konnte ich erkennen, waren mit dem Namen ›Bonito‹ gezeichnet.
Nachdem ich alles erkundet hatte, kehrte ich mit einem Vorrat an Kokosnüssen und Bananen zur Hütte zurück und berichtete alles dem Kapitän. Gott sei Dank erholte er sich von Tag zu Tag besser, und als er wieder bei Kräften war, gingen wir zusammen zur Schatzhöhle. Wir füllten einen Sack mit Gold und Juwelen, vergruben den größten Teil davon aber wieder an zwei anderen Stellen auf der Insel.
Am 16. Oktober wurde ein kleines Boot angespült. Wir reparierten es und versuchten sechs Wochen später, ans Festland zu kommen. Mitten auf hoher See entdeckte uns die Mannschaft eines deutschen Dampfschiffes. Sie nahm uns an Bord auf. Der Kapitän, ich weiß nicht mehr, ob er Karl Heinrecht hieß

oder Karl Heinrich, wie auch immer, dieser Kapitän machte auf uns einen vertrauenerweckenden Eindruck. Deshalb erzählten wir ihm von unserem Geheimnis und zeigten ihm die Juwelen, die wir mitgenommen hatten.
›Wo kann man das zu Geld machen?‹ fragte ich ihn, und er antwortete: ›Wir reisen nach Boston, dann muß ich weiter nach New York. Dort kenne ich ein paar Leute, die euch das Zeugs abkaufen – sofern es echt ist.‹
Er brachte uns zu ›Strauss Brothers‹, einer New Yorker Unterweltfirma, und die Sachen waren echt, so wahr ich hier sitze. Man zahlte uns 56000 Dollar. Das war zwar, wie ich nachher erfuhr, nur ein Viertel des Wertes, doch egal, eine Menge Geld immerhin.
Wir teilten alles durch drei und trennten uns. Mein Partner ging nach Portland, wo er später gestorben ist. Der deutsche Kapitän gab seinen Job endgültig auf, und ich selbst reiste nach Europa, kehrte 1934 aber nach Amerika zurück.
Eine Zeitlang arbeitete ich für meine Landsleute, die Belgier, auf der Weltausstellung in Chikago. Dort lernte ich den Rechtsanwalt Colonel Hunter aus Chikago kennen. Ich erzählte ihm, was ich entdeckt hatte, und versuchte, auch ihn für die Kokosinsel zu interessieren – allein hätte ich diesen gigantischen Schatz ja niemals bergen können. Fünf Monate lang prüfte er meinen Bericht, dann war er einverstanden. Wir einigten uns darauf, daß ich mit seiner Yacht ›Nautilus‹ von Seattle nach Panama segelte, während

er und fünf Freunde das Flugzeug dorthin nahmen. Gemeinsam ging es dann weiter Kurs Kokosinsel.
Während der Reise freundete ich mich ein wenig mit dem Schiffskoch an. Ein wenig, aber doch so viel, daß er mir sagte, mein Leben sei in großer Gefahr, weil die anderen mich erschlagen wollten, um meinen Anteil einzustreichen. Nun bekam ich es mit der Angst. Als wir die Insel erreicht hatten, entschloß ich mich daher, so zu tun, als ob ich meine Markierungen und die Verstecke auf der Insel nicht wiederfinden konnte.
Was blieb ihnen anderes übrig, als mir zu glauben? Wir segelten mit der ›Nautilus‹ nach Panama zurück. Aber die Männer waren so wütend auf mich, daß sie mich brutal zusammenschlugen und ich eine Weile in ein Krankenhaus mußte.
Sie wollten mich dort zurücklassen, aber das Gesetz der Kanalzone schreibt vor, daß ein Schiff nur dann den Hafen verlassen darf, wenn alle an Bord sind. Also mußten sie auf mich warten. In Trinidad setzten sie mich schließlich an Land und schickten mir die wüstesten Flüche hinterher. Bald darauf lernte ich George Lane kennen, der mein Freund wurde und mir die Überfahrt nach Europa bezahlte. Den Rest kennen Sie!«
Charles Polkinhorne hatte sich alles ruhig und ohne Zwischenfragen angehört. Nun räusperte er sich, sah erst zum Anwalt hinüber und blickte dann den Belgier an: »Eine interessante Geschichte! Ist das alles, was Sie mir zu sagen haben?«

Der Belgier nickte. »Eigentlich schon ... obwohl ... eines sollten sie vielleicht noch wissen: Seit ich damals meine Juwelen an ›Strauss Brothers‹ verkauft habe, werde ich von Leuten beschattet, die glauben, ich müsse noch mehr von dem Zeugs haben. Auch die Leute von Colonel Hunter sind immer noch hinter mir her, weil sie natürlich ahnen, daß ich sie auf der Insel belogen habe. Aber mein Freund George Lane ist der einzige, der etwas Genaueres weiß – für den Fall meines Todes, verstehen Sie?«
Charles Polkinhorne verstand. Und verstand manches auch wiederum nicht. Ob alles stimmte, was ihm dieser Bergmann da erzählt hatte? Oder war er vielleicht nur ein Aufschneider, ein Betrüger, der die »Treasure Recovery« übers Ohr hauen wollte? Polkinhorne beschloß, Bergmann ein paar Fangfragen zu stellen und ihn gründlich über die Kokosinsel auszuhorchen. Der Belgier bestand den Test bravourös. Blitzschnell und korrekt wußte er alles zu beantworten.
Schließlich verabschiedete sich Charles Polkinhorne: »Ich kann die Sache nicht hier und heute und vor allen Dingen nicht allein entscheiden. Sie hören von mir!«
Dann reiste Polkinhorne zurück nach London und berichtete den anderen Direktoren von der Unterhaltung mit Petrus Bergmann. Nach einer längeren Sitzung beschloß man einstimmig, auf die Forderungen des Belgiers einzugehen. Im Falle eines Fundes sollte er mit zehn Prozent des Wertes beteiligt werden. Außerdem wollte man eine Kaution stellen, um ihn

aus dem Gefängnis freizubekommen, wollte ihn neu einkleiden und die Reise nach London bezahlen.
Mit Empfehlungsschreiben und Visitenkarten einer nichtexistenten Bergbaufirma wurde Petrus Bergmann ein paar Wochen später als »Bergbauingenieur« nach Costa Rica geschickt und wartete dort auf weitere Instruktionen. Niemand, außer den Direktoren, wußte von einer Verbindung zwischen Bergmann und der »Treasure Company«.

★

Im Februar des Jahres 1935 verließ die »Veracity« endlich Großbritannien. Einer der Direktoren der »Treasure Recovery Ltd.«, Eric Norman Alers-Hankey, war nach Costa Rica vorausgefahren, um mit der Regierung über eine Schatzsucher-Lizenz zu verhandeln. Dieses Mal wollte man legal auf die Insel reisen; dieses Mal, mit Petrus Bergmann als Reisebegleiter, war man so sicher wie nie zuvor, den Schatz zu finden.
Die Gespräche mit der Regierung verliefen für Alers-Hankey überaus erfolgreich – bis auf einen Punkt. Zwar erhielt er die Aufenthaltsgenehmigung für die Kokosinsel, zwar konnte er – für ein paar tausend Dollar – die Ausrüstung der »Queen of Scots« zurückkaufen, die damals beschlagnahmt worden war. Doch eine der Regierungsauflagen besagte, daß Kapitän Charles Arthur von der Expedition ausgeschlossen sein müßte, da die costaricanischen Beamten ihn für

den Alleinverantwortlichen der ersten illegalen Reise zur Kokosinsel hielten.
Nachdem die »Veracity« im Hafen von Puntarenas vor Anker gegangen war, hatte Alers-Hankey die unangenehme Aufgabe, Kapitän Arthur und die anderen über die Vertragsbestimmungen zu informieren. Natürlich waren zunächst alle empört, doch weil man die Expeditionsreise nicht gefährden wollte, schied Charles Arthur nach einem längeren Gespräch aus der »Board of Directors« aus und reiste noch am selben Tag zurück nach London. An seine Stelle trat der Ingenieur Richard Studdert.
In der folgenden Woche wurden alle zurückgekauften Ausrüstungsgegenstände an Bord des Schiffes verladen, und am 6. Juni verließ die »Veracity« in Begleitung von Polizisten und costaricanischen Arbeitern den Hafen. Seltsam daran war nur eines: Der wichtigste Mann, Petrus Bergmann, fehlte an Bord.
Es war der frühe Vormittag des 12. Juni, als die englische Reisegesellschaft die Chatham-Bucht erreichte. Am Ufer liefen den Briten vier Männer entgegen, die wie verzweifelt die Arme über dem Kopf schwenkten. »Wir sind Schiffbrüchige!« riefen sie den Ankömmlingen zu, waren dabei aber in so guter Verfassung, daß sehr bald klar war: Es mußten illegale Schatzsucher sein, die sich seit Monaten ohne Genehmigung auf der Insel aufgehalten hatten.
So kam es, daß die Anker der »Veracity« erneut gelichtet wurden, um, wiederum von Polizisten eskortiert, die Fremden nach Puntarenas zu bringen. Eine

anscheinend nutzlose Überfahrt. Doch sie hatte für die Männer der »Treasure Recovery Ltd.« auch ihr Gutes. Kaum hatten sie den Hafen erreicht, erschien Petrus Bergmann in Begleitung von zwei Detektiven an der Pier.

Richard Studdert war außer sich, als er den Belgier sah. »Wo waren Sie, Mann?« schrie er ihn an.

Petrus Bergmann wartete mit einer mysteriösen Erklärung auf: »Ich war auf dem Weg zum Hafen, als mich plötzlich Männer überfielen. Sie haben mich in eine dunkle Hütte gebracht und in einem Bett an Händen und Füßen gefesselt. Sie gaben mir weder zu essen noch zu trinken. Ständig murmelten sie etwas von ›Cocos Island‹.«

»Und dann?« wollte Richard Studdert wissen.

»Ich konnte entkommen!« antwortete der Belgier knapp. Mehr war ihm nicht zu entlocken. Doch die Engländer waren so froh darüber, ihren wichtigsten Zeugen wieder an Bord zu haben, daß sie die Angelegenheit auf sich beruhen ließen.

★

In den folgenden Tagen versuchte man, es Petrus Bergmann so angenehm wie möglich zu machen. Er bekam auf der Kokosinsel eine eigene Hütte zugewiesen, wurde reichlich mit Essen und Getränken versorgt, und Studdert hatte nach Absprache mit den anderen angeordnet, Bergmann nicht zu stören.

Es schien so, als würde ein Vogel ein Ei ausbrüten und

alle anderen wie gebannt auf das Schlüpfen des Kükens warten. Schlenderte Bergmann am Ufer entlang, folgten ihm ein oder zwei Engländer in auffälliger Unauffälligkeit. Setzte er sich irgendwo nieder, auf einen Stein, ins Moos oder unter eine Palme, beobachteten alle voller Spannung, ob das wohl der Platz des Schatzes wäre. Nur während der Nacht konnte Bergmann manchmal unbemerkt und ungestört irgendwo im Urwald verschwinden.

Endlich, nach langen Tagen des Ausharrens und des Hoffens unter sengender Sonne und im strömenden Regen, endlich, als sich unter den Männern schon langsam Unruhe und Ungeduld auszubreiten begannen, ging Petrus Bergmann eines frühen Morgens zu Richard Studdert hinüber, der auf der Holztreppe vor seiner Hütte saß und aus einem Blechnapf Kaffee trank.

»Hören Sie, Mr. Studdert«, sprach er ihn an, »ich habe es ja schon in Antwerpen und in London erzählt – 1929 vergrub ich auf dieser Insel einen Teil meines Fundes. Hier an diesem Strand.«

»Setzen Sie sich, Bergmann!« sagte Richard Studdert.

Aber Petrus Bergmann schüttelte den Kopf: »Nein, danke ... ich will die Sache endlich zu einem guten Ende bringen! Ich will jetzt die Palme finden ...«

»Welche Palme?«

»Die Palme, an deren Fuß ich eine Flasche mit einem Faden vergraben habe. Ich muß diese Palme haben, dann habe ich auch den Schatz. Wenn ich nämlich den

Faden aus der Flasche herausziehe und in eine bestimmte Richtung spanne, dann habe ich den Punkt, an dem der Schatz liegt!«
Richard Studdert stand auf und winkte die anderen heran: »Es geht los!«
Mit bedächtigen Schritten ging Petrus an der Wafer-Bucht entlang. Mal blieb er bei einer Palmengruppe stehen, mal vor einem Felsbrocken, der vor einer einzelnen Palme lag. Die Spannung wurde immer größer. Dutzende von Augen folgten jeder Bewegung Bergmanns. Plötzlich blieb er wie elektrisiert stehen, und auch alle anderen erstarrten. »Hier ist es!« rief er triumphierend aus und drehte sich zu den Männern um. »Dies ist die Palme!«
Petrus Bergmann sank, wie von Dankbarkeit überwältigt, in die Knie, wühlte mit den Händen ein Loch in den Sand, tiefer und immer tiefer. Und wirklich: Auf einmal kam eine Bierflasche zum Vorschein, verschlossen mit einem Korken.
Richard Studdert und ein paar andere hatten sich neben Bergmann in den Sand gekniet. Keiner gab einen Ton von sich. Alle verfolgten, wie Bergmann nun den Korken aus der Flasche nahm und eine Schnur herauszog, die er, auf den Knien weiterrutschend, langsam spannte.
Was für ein Bild! Erwachsene Männer, Engländer und Costaricaner, Arbeiter und Direktoren, Polizisten und Seefahrer, auf einer einsamen Insel im Pazifik wie spielende Kinder in der Sandkiste und doch ganz bitterernst.

»Hier ist die Stelle. Ihr müßt nur noch graben!« Petrus Bergmann klopfte mit wichtiger Miene ein paar feuchte Sandkörner von der Hose und blickte sich in der Runde um.
Ein paar Arbeiter begannen auf Anweisung von Richard Studdert sofort, ein Loch auszuheben. Doch je schneller sie gruben, desto stärker füllte sich die Kuhle mit Meerwasser.
»Seltsame Sache!« konstatierte Richard Studdert und wandte sich dann an Petrus Bergmann: »Sind Sie sicher, daß dies die richtige Stelle ist?«
Petrus Bergmann nickte: »Hundertprozentig sicher, Sir!«
Richard Studdert ließ Bretter und Balken bringen, die den Sand abstützen sollten, so daß man tiefer graben konnte. Doch das Ergebnis blieb negativ. Enttäuscht gingen alle zu den Hütten zurück.
Am Nachmittag bat Richard Studdert Petrus Bergmann zu sich. »Nun«, fragte er den Belgier, »was denken Sie sich?«
»Ich denke, Mr. Studdert, daß mir das alles unerklärlich ist!«
»Sollte Ihr Schatz jemals an jener Stelle dort von Ihnen vergraben worden sein, dann haben ihn zahllose Gezeiten inzwischen weggespült!«
Bergmann schien verunsichert. Er zuckte mit den Schultern.
»Was schlagen Sie vor?« wollte Studdert wissen.
Bergmann kratzte sich im Genick. Dann sagte er: »Ich werde Ihnen morgen früh den Ort zeigen, wo der

Hauptschatz liegt – jene Höhle, in die ich seinerzeit gestürzt bin.«
»Werden Sie diese Höhle denn wiederfinden?« fragte Studdert.
»Auf jeden Fall, Sir, auf jeden Fall!« erklärte Bergmann, und damit war das Gespräch beendet.
Aber schon am nächsten Morgen gab es ein neues Problem. Petrus Bergmann klagte über Konzentrationsschwäche, über Kopfschmerzen und Gedächtnisschwund; er berichtete Richard Studdert, der an das Krankenlager des Belgiers kam, sein linker Arm sei seit der vergangenen Nacht gelähmt: »Ich hatte einen Anfall, Sir!«
»Ich bekomme auch gleich einen!« rief Richard Studdert aus. »Mit anderen Worten: Sie wollen mir sagen, Sie könnten die Höhle nicht mehr finden, oder?«
»Korrekt, Sir!« Mit diesen Worten drehte sich Petrus Bergmann auf seiner Strohmatte zur Seite. Und sagte nichts mehr.
»Das darf doch nicht wahr sein!« stieß Richard Studdert hervor. Blaß vor Wut verließ er die Hütte und sollte schon im nächsten Moment die zweite Hiobsbotschaft dieses Morgens erfahren. Ein junger Polizist berichtete dem Ingenieur, was er zwei Nächte zuvor gesehen hatte: Die geheimnisvolle Bierflasche, die doch eigentlich seit sechs Jahren im Sand gelegen haben sollte, hatte Petrus Bergmann erst in jener Nacht vergraben.
Studdert war außer sich. Er ließ sich die Flasche bringen und mußte nach näherem Hinsehen tatsäch-

lich feststellen, daß sie aus einer Brauerei stammte, die erst drei Jahre existierte. Nun gab es für Richard Studdert nur noch zwei Möglichkeiten: Entweder war die ganze Geschichte mit dem Schatz ein Lügengestrüpp, oder Bergmann stellte sich wieder einmal absichtlich dumm, um zu verhindern, daß jemand anderes als er an den Schatz herankam.
Richard Studdert, ein geborener Optimist, entschied sich dafür, an die zweite Möglichkeit zu glauben. So fuhr er bei nächster Gelegenheit auf der »Veracity« hinüber nach Puntarenas und gab an die in London verbliebenen Direktoren der »Treasure Recovery« ein langes Telegramm auf, in dem er ihnen die Situation schilderte.
Weiterhin bat er darum, George Lane, den Freund Bergmanns, zu ihm zu schicken, der ja ebenfalls über die Verstecke informiert sein sollte und der, so hoffte Richard Studdert, kooperationsbereiter sein würde als der Belgier.
»Vor allen Dingen«, so lautete der letzte Satz in dem Telegramm, »schaffen Sie mir Petrus Bergmann vom Halse und lassen Sie ihn – möglichst sofort – von der Kokosinsel abholen!«

★

George Lane erklärte sich bereit, zur Schatzsucher-Expedition zu stoßen, allerdings unter der Bedingung, Petrus Bergmann nicht begegnen zu müssen. Er wurde deshalb ohne großes Aufsehen in Panama von der »Veracity« abgeholt. Das Schiff umrundete die Kokosinsel dann in einem großen Bogen von Süden her. Nahe der Küste ruderte man George Lane ans Ufer und erklärte ihm, wie er zu Fuß die Wafer-Bucht erreichen könnte. Anschließend nahm die »Veracity« erneut Kurs auf das offene Meer und lief dann direkt die Wafer-Bucht an, wo Petrus Bergmann, der von der ganzen Aktion nichts ahnte, an Bord gebracht wurde.

Die Stunden vergingen, der Tag verstrich, die Nacht zog vorüber, und immer noch warteten alle auf die Ankunft von George Lane. Als er am Morgen immer noch nicht eingetroffen war, ließ Richard Studdert ein paar Männer nach ihm suchen. Sie fanden ihn, ein paar Kilometer inseleinwärts, zitternd vor Angst auf einem Baum: Er war vor einem wilden Hirsch geflüchtet.

Leider erwies sich Lane auch sonst als ausgesprochen ängstlich und wenig ergiebig. Was er angeblich von Petrus Bergmann in der Theorie erfahren hatte, reichte in der Praxis nicht aus, den Schatz zu finden.

Wenig später gab er auf. »Seien Sie nicht enttäuscht«, sagte er dem völlig niedergeschlagenen Studdert, »es ist nicht meine Schuld. Ich habe getan, was ich konnte. Aber hier finde ich mich einfach nicht zurecht.«

Es dauerte nun nicht mehr lange, und die »Treasure Recovery Ltd.« war ruiniert. Was Kapitän Charles Arthur einst begründet hatte, was mit großem Pomp und bunten Prospekten, was als Hoffnung auf das

große Geld begonnen worden war, endete kläglich vor dem Hohen Gericht in London.
Die Gesellschaft, die sehr schnell aufgelöst wurde, blieb ihren Aktionären ein paar Millionen Mark schuldig und hinterließ eine lange Spur unbezahlter Rechnungen in England, den USA, in Panama und Costa Rica sowie eine Vielzahl von Klagen vor dem costaricanischen Arbeitsgericht, denn nicht einmal mehr die geringen Löhne der mittelamerikanischen Arbeiter konnten bezahlt werden. Damit nahm die »Treasure Recovery Ltd.« aber zumindest einen denkwürdigen Platz in der Geschichte der Kokosinsel ein: als größter Aktienschwindel und als teuerster Reinfall in Sachen Schatzsuche.

Mord in der Höhle?

Bis heute ist der Strom der Reisenden zur Kokosinsel nicht abgerissen. In jedem Jahrzehnt, in jedem Jahr, in jedem Monat gab es neue Besucher, neue Nachrichten von geplanten oder tatsächlich durchgeführten Expeditionen, immer und immer wieder erfuhr ich von Menschen, die ihr Glück suchten und ihr Schicksal versuchten, hörte ich Geschichten, vernahm ich Gerüchte. Da versank die Yacht eines englischen Abenteurers bei Sturm in der Wafer-Bucht ...; da fand ein costaricanischer Wachmann 1978 mitten im Urwald einen abgestürzten US-Air-Force-Bomber, der seit 1943 als vermißt galt ...; da wurde ein hochverschuldeter Amerikaner von der Polizei geschnappt, als er mit einer gestohlenen Luxus-Yacht auf Schatzsuche gehen wollte ...; da machte der Deutsche Rollo Gebhard 1975 bei seiner zweiten Einhand-Weltumsegelung Station und beschrieb die Kokosinsel später in seinem Buch »Ein Mann und ein Boot« ...; und schließlich kamen, außer Schatzsuchern und Weltreisenden, immer wieder Wissenschaftler wie etwa Philippe Cousteau, der von der

Kokosinsel als einem »unbezahlbaren Schatz für wissenschaftliche Forschungen« sprach.
Ich selbst war einige Male dort. Im Dezember 1980 begleitete ich meinen Freund Richard Gissler und seine Tochter Susanne auf den Spuren ihres Vorfahren August Gissler. Drei Tage verbrachten wir gemeinsam auf der Kokosinsel, fanden Reste von Hütten und Plantagen, entdeckten einen alten, gußeisernen Herd, erkundeten die Wafer- und die Chatham-Bucht und das Inselinnere, badeten in Felsbecken und fischten im Meer. Richard und Susanne Gissler lockten nicht die vermeintlichen Schätze, sondern die Begegnung mit der Vergangenheit, und für beide war es denn wohl auch nicht mehr als ein faszinierendes Reiseerlebnis. Ich freilich war wieder einmal vom Kokos-Fieber gepackt, und kaum ein Jahr später, im September 1981, unternahm ich eine weitere Reise auf die Insel.
Die costaricanische Regierung gab mir Gelegenheit, an einer Expedition mit dem Patrouillenboot Nr. 405 des Sicherheitsministeriums teilzunehmen. Anlaß für diese Exkursion war eine Studie für den Bau eines Elektrizitätswerkes auf der Kokosinsel. Ich nutzte die Zeit, um sie noch besser kennenzulernen; ich machte zahlreiche Fotos und besah mir auch jene amerikanische Aufklärungsmaschine, die im Zweiten Weltkrieg im Inselinnern abgestürzt war.
Für mich war das ein mühseliger Marsch – und zugleich ein wunderbares, schockierend wunderbares Erlebnis. Durch das Dickicht zu dringen, sich den

Ein im Urwald verrottetes Wasserkraftrad erinnert
an die Schatzsucher und Siedler im 19. Jahrhundert

Weg freizuschlagen und zu erkämpfen; hinter jeder Biegung, zwischen jeder Felsspalte, auf jeder Anhöhe eine neue Überraschung zu erleben.
Wildnis, die nie zuvor ein Mensch betrat und erblickte; Einsamkeit, von Tieren, Wind und Wasser zur Lebendigkeit bewegt. Wer das gespürt und erlebt hat, wer zudem die Historie der Insel kennt und von den Schatzgeschichten weiß, der fühlt sich auf unentrinnbare Weise mit der Kokosinsel verbunden, dem wird diese Insel nie mehr aus dem Sinn gehen.
Bei meinen Exkursionen hatte ich immer wieder die unterschiedlichsten Empfindungen. Mal fühlte ich mich wie in einem romantischen Märchen, war verzaubert von irgendeinem bunten, fröhlich zwitschernden Vogel, der zwischen den Bäumen und Büschen umherflatterte.
Mal spürte ich in mir die Gier nach Schätzen, glaubte, ein Abenteurer zu sein auf den Spuren von Edward Davis oder Dom Pedro, und hoffte inständig, als steinreicher Mann zum Festland zurückzukehren.
Manches Mal, so etwa bei der Entdeckung des Militärflugzeuges, war ich aber auch ernüchtert und entsetzt. Und dennoch neugierig – eine Art von Spannung, die genährt wurde von der Frage: »Warum bist du eigentlich hier?«
Doch dann wieder, wenn ich mit Freunden die Sonne untergehen sah, wenn der Gesang der Vögel allmählich verstummte und wir nur noch das Meer tosen hörten und uns am Feuer Geschichten erzählten oder aber, wenn ich, ganz allein, auf dem »Cerro Iglesias«

stand, dann wußte ich: Die Kokosinsel, so oder so gesehen, wie auch immer erlebt, die Kokosinsel ist einer der aufregendsten, faszinierendsten und schönsten Plätze auf dieser Erde.
Meine Begegnungen mit der Kokosinsel bestanden jedoch nicht nur aus den Reisen dorthin, sondern mehr noch aus dem Studium alter Akten und Unterlagen, aus der Lektüre von Reiseberichten, aus Gesprächen mit Seeleuten und Inselbesuchern und dem Kontakt zu so mancher Expedition, die von Puntarenas aus ihren Such-Versuch startete.
Eine dieser Expeditionen war die Gruppe um den Münchner Abenteurer und Drachenflieger Reinhold Ostler, den ich Anfang 1982 mit vier Freunden kurz vor der Überfahrt zur Kokosinsel traf. Reinhold Ostler wollte einen Film drehen, aber er wollte auch – und vielleicht auch vor allem? – auf Schatzsuche gehen. Monatelang dauerten die Vorbereitungen, die mit großem Aufwand betrieben wurden: 50 000 Mark kostete allein die Ausrüstung, bei der schließlich 1,5 Tonnen Gepäck zusammenkamen – von eintausend Dosen Bier, der Spende einer Münchner Brauerei, bis zu den Suchgeräten, die ein Metalldetektor-Hersteller zur Verfügung gestellt hatte.
Als wir uns nach dem Expeditionsaufenthalt Anfang März an der Pier von Puntarenas wiedersahen, waren alle tiefbraun gebrannt, um einige Pfunde leichter, aber um etliche Erfahrungen reicher. Mit ihrem Suchgerät, so erzählte mir Reinhold Ostler, hatten sie tatsächlich an zwei Stellen Metall im Erdreich ausge-

macht. Doch um tief genug graben zu können, hätten sie tonnenschweres Gestein bewegen müssen, und dazu fehlte es ihnen an Gerätschaften. Reinhold Ostler war dem Kokos-Syndrom aber schon ganz und gar verfallen. Er würde zur Kokosinsel zurückkehren, vertraute er mir an, da er sicher sei, einen Schatz geortet zu haben. Gesucht haben die Männer aus München in der Chatham-, Wafer- und Iglesias-Bucht, mit Detektoren und Spaten, mit Landkarten und Schatzkarten, auf den Spuren so mancher Expedition, die vor ihnen dagewesen war.
Die Anregung zur exotischen Schatzsuche stammte aus einem Buch, das Reinhold Ostler zufällig in einem Münchner Antiquariat aufgestöbert hatte: »Da liegt Gold« von Janusz Piekalkiewicz, erschienen im Jahre 1971. Und dieses Buch war es übrigens, das mich dem Kokos-Geheimnis noch näherbrachte und darüber hinaus in eine der seltsamsten und spannendsten Begebenheiten verstrickt hat, die ich im Zusammenhang mit der Schatzinsel erlebte.

★

In einem längeren Kapitel seines spannend zu lesenden Buches »Da liegt Gold« erzählt der Franzose Jacques Boucaud, wie ihm in einem Pariser Café zufällig ein Zeitungsbericht über die Kokosinsel in die Hände gefallen war.
Begeistert von dem Bericht, sammelte er gemeinsam mit Freunden alles, was er an Informationen über die

Insel, ihre Schätze und die Expeditionen dorthin bekommen konnte.
Nach zwei Jahren Vorbereitung landeten der Franzose und seine Freunde in den sechziger Jahren illegal – und ohne zuvor Puntarenas angelaufen zu haben – auf der Kokosinsel. Sie schlugen ihr Lager in leerstehenden Hütten auf, und nach einigen Erkundigungstouren stellten sie zu ihrer großen Zufriedenheit fest, daß sie allein auf der Insel waren.
Während ständig einer von ihnen als Beobachtungsposten abgestellt wurde, um vor costaricanischen Patrouillenbooten zu warnen, begaben sich die anderen auf die Suche nach dem »Kirchenschatz von Lima«, den sie in irgendeiner großen Höhle vermuteten. Am vierten Tage ihres Aufenthalts entdeckten sie eine, die etwa 260 Meter hoch am Hang eines Berges und etwa 600 Meter vom Kap »Atrevido« entfernt gelegen war.
Es war eine sensationelle Entdeckung. Nachdem sich einer der Männer durch einen schmalen Erdspalt gezwängt hatte, stand er in einem dunklen, kühlfeuchten Raum, in dem es sehr modrig und penetrant nach Katzen roch. Die anderen folgten ihm und leuchteten mit Taschenlampen die Höhle aus – mit Entsetzen erkannten sie zwei menschliche Skelette, eines eingezwängt zwischen Steinblöcken, ein anderes mit zertrümmertem Schädel und in gekrümmter Haltung. Neben den Skeletten lagen zwei Koffer, eher Kisten gleich, halb vermodert und voller Gegenstände wie Kompaß, Revolver und Bibel. Am Boden des

einen Koffers fanden sie einen Ledersack, und als sie ihn hastig aufzurrten, fielen ihnen an die tausend spanische Goldmünzen entgegen. Schließlich holten sie noch ein Hemd aus dem Koffer, in das fünfzehn längliche, gut eineinhalb Pfund schwere Goldbarren eingewickelt waren, und in dem anderen Koffer befand sich dazu noch ein zweiter, ähnlich wertvoller Schatz.

Die Franzosen begruben die Skelette, luden das Gold in ihre Rucksäcke und verließen die Insel bald darauf so heimlich, wie sie gekommen waren – ihren Schatz in Schlafsäcke eingenäht und in leeren Sauerstoffflaschen verborgen.

Ich war lange Zeit nicht sicher, ob diese Darstellung Dichtung sei oder doch Wahrheit. Je länger ich mich aber mit dem Fall beschäftigte und je tiefer ich in die Materie eindrang, desto klarer wurde mir: An dieser Sache ist etwas dran. Und daß ich dies glaube, hat seinen guten Grund.

Bei meinen Recherchen zum Thema Kokosinsel stieß ich in verschiedenen Zeitungsausschnitten auf die Erlebnisse einer französischen Expedition, die etwa zum selben Zeitpunkt wie der Franzose Jacques Boucaud auf der Kokosinsel gewesen war.

Der französische Höhlenforscher Robert Vergnes, ein weitgereister, unternehmungslustiger Weltenbummler, und seine beiden Freunde Jean Portelle und Claude Charlies wollten, wie so viele vor ihnen und nach ihnen, die Insel kennenlernen, nach den Schätzen suchen, zugleich aber auch einen wissenschaftlichen

Film drehen, wie Robert Vergnes später immer wieder in Interviews betonte.
Doch schon nach wenigen Tagen nahm die Exkursion eine dramatische Wendung. Robert Vergnes berichtete später dem Reporter der costaricanischen Tageszeitung »La Nación« über das mysteriöse Ereignis:
»Wir beluden das Schlauchboot mit Filmmaterial, denn wir wollten an diesem Tag einige Szenen vor der Insel drehen. Dieser 21. Dezember war für mich ein schlechter Tag. Der Himmel war bedeckt, und es regnete leicht. Doch Claude und Jean bestanden darauf, die Szenen trotz des schlechten Wetters zu drehen.
Gegen Mittag kam ein starker Wind auf, und eine große Welle schlug über unserem Schlauchboot zusammen und schleuderte uns ins Meer. Wir wurden unter Wasser gedrückt, doch ich konnte schnell wieder auftauchen und schwamm fast eine Meile bis zur Küste.
Die Wellen wurden immer größer und gefährlicher. Ich schaute zurück an die Stelle des Unfalls, konnte aber meine Freunde Claude und Jean nicht entdekken. Nach zehn Minuten sah ich unser Schlauchboot halbzerstört und weitab auf dem Wasser treiben.
Von diesem Moment an wußte ich, daß ich meine Freunde nie mehr wiedersehen würde. Jean Portelle konnte nicht schwimmen, und ich glaube, daß er sich an Claude anklammerte und daß auf diese Weise beide ertranken. Die Stelle, an der das Unglück geschah, ist voller Riffe und gefährlicher Haie. Ich blieb

am Strand stehen und schaute lange Zeit auf das Meer; kehrte dann aber noch vor Einbruch der Dunkelheit in unser Lager zurück.«

Höhlenforscher und Abenteurer, perfekt ausgerüstet bis hin zum Taucheranzug – und dann ertrunken, so nah vor der Küste? Erwachsene Männer, die Reiseerfahrung besaßen und eine Insel erforschen wollten – darunter einer, der nicht schwimmen konnte? Eine unglaubhafte und unglaubwürdige Geschichte, besonders, wenn man berücksichtigt, daß es sich hierbei wohl im wesentlichen um die Suche nach einem Milliardenschatz gehandelt hat. Die Witwe von Claude Charlies bestätigte denn auch, daß sowohl ihr Mann als auch dessen Freund Jean Portelle ausgezeichnete Schwimmer und erfahrene Taucher gewesen seien. Sie initiierte sogar eine Kokosinsel-Reise, um dort nach Spuren zu suchen, die Robert Vergnes möglicherweise als Mörder der beiden Männer entlarven könnten – doch alles vergebens.

Die Polizei glaubte übrigens genausowenig an Robert Vergnes' Bericht. Als er 64 Tage nach dem Unglück auf der Yacht eines amerikanischen Tierarztes nach Puntarenas zurückkehrte, wurde er dort ausführlich von Polizisten vernommen, und man plante, eine Untersuchungskommission zur Insel zu schicken. Nach seiner Rückkehr in die Heimat mußte er sich in Frankreich ebenfalls den Fragen der Behörden stellen; nachweisen konnte man ihm jedoch niemals etwas.

Immer und immer wieder versuchte Robert Vergnes,

auf den abenteuerlichsten Wegen zur Kokosinsel zu gelangen. Warum nur? Zwei Jahre nach jenem Ereignis endlich kam er über Panama zurück und blieb eine Woche. Seinen dritten Besuch unternahm er zehn Jahre später, 1975, brach aber die Expedition aus unbekannten Gründen nach kurzfristigem Aufenthalt wieder ab.
Zuletzt versuchte Robert Vergnes im Jahre 1981 sein Glück. Dieses Mal, fast zwanzig Jahre nach dem unaufgeklärten Verschwinden seiner Expeditionskollegen, wollte er den offiziellen Weg gehen und stellte deshalb einen Antrag bei der zuständigen Behörde. Sie reichten das Antragsformular an die Kriminalpolizei weiter, die jedoch eine Genehmigung – aufgrund der Geschehnisse im Jahre 1962 – verweigerte.

★

Jene Begebenheiten, von denen ich in diesem Kapitel berichtet habe, sind ein Puzzle, dessen Spannung und Dramatik erst dann vollständig sichtbar werden, wenn man das letzte Teilstück gefunden hat.
Ich stieß darauf, als ich während meiner Nachforschungen für dieses Buch einige Wochen in Puntarenas weilte. Eines Tages lernte ich dort einen älteren amerikanischen Kapitän und Yachtbesitzer kennen. Er war ein kräftiger Kerl mit einem von Wind und Wasser, von Sonne und langem Leben zerfurchten Gesicht. Er lachte viel und laut, redete gerne, konnte aber auch gut zuhören. Manchmal hatte er etwas

Geheimnisvolles und Düsteres an sich, und ich fand dann oft, daß er vor ein paar hundert Jahren einen trefflichen Piraten abgegeben hätte.
Oft saßen wir nächtelang in irgendwelchen Kneipen und unterhielten uns bei einem Drink. Eines Abends hatten wir uns zu einem Essen in dem Lokal »Coyuga« verabredet, einem Restaurant, das in Puntarenas für seine erstklassige Fischküche berühmt ist. Es war einer dieser typischen Abende der Gegend – viel zu warm, viel zu laut, lebendig und lustig.
Mein amerikanischer Freund und ich hatten an einem kleinen Tisch in der Ecke Platz genommen, unsere Bestellung aufgegeben, tranken ein Bier und noch eines, aßen voller Genuß und vertieften uns, je später es wurde, immer mehr und mehr in unser Gespräch. Bald nahmen wir das Stimmengewirr um uns herum nicht mehr wahr, hörten kein Musikgedudel, kein Geschirr-Geklapper, kein Frauen-Lachen, keine Kellner-Rufe, denn wir steckten beide mittendrin in einem Thema, das uns nicht mehr losließ – Kokosinsel, Kokos-Schätze, Kokos-Syndrom.
Natürlich kam ich auch auf jene Geschichten zu sprechen, die mich in den letzten Wochen am meisten beschäftigt hatten: das Abenteuer jener Franzosen in dem Buch »Da liegt Gold« und das tödliche Drama, das sich bei der Robert-Vergnes-Expedition abgespielt hatte.
Ich erzählte von beiden Begebenheiten sehr ausführlich und verschwieg auch nicht, daß ich zwischen beiden Geschichten seltsame Parallelen sah: Die zwei

Expeditionen hatten offenbar zur selben Zeit stattgefunden; beide Male handelte es sich um Franzosen, in jedem der beiden Fälle war die Rede von Toten.
Mein Freund hörte mir die ganze Zeit über ruhig zu, ohne mich zu unterbrechen. Gelegentlich runzelte er seine braungebrannte Stirn; manchmal, wenn ich begann, abenteuerliche Theorien aufzustellen, brach er in lautes Gelächter aus. Schließlich, nachdem ich geendet hatte, nickte er wissend, bestellte für uns noch zwei Bier und sagte: »Du hast recht! Und zwar mehr, als du denkst. Bevor ich dir meine Geschichte erzähle, will ich dir etwas verraten. Bei den beiden Expeditionen handelte es sich um dieselben Leute. Daß zwei ganz verschiedene Geschichten daraus wurden, liegt daran, daß beide Versionen – sowohl die geschriebene als auch die erzählte – stark verändert wurden. Aber ich will dir die ganze Wahrheit verraten.«
Die ganze Wahrheit? Ich war so gespannt wie nie, als mein neugewonnener Freund mit seiner Geschichte begann:
»Ich habe bereits mehr als fünfzehn Kokosinsel-Reisen hinter mir, und wie du weißt, beginnt und endet fast jedes Kokos-Abenteuer hier, in Puntarenas. So manchen Spinner und Gauner habe ich auf meiner Yacht schon hinübergebracht, und auch mit den Franzosen sollte ich später einmal zu tun haben. Später, ja.
Das Jahr weiß ich nicht mehr – mein verdammtes Gedächtnis. Aber es ist ja auch egal, jedenfalls erin-

nere ich mich noch genau daran, wie eines Tages diese drei jungen, verrückten Franzosen auftauchten. Plötzlich waren sie da, weißt du, sie waren überall, stellten ganz Puntarenas mit ihrer Fragerei auf den Kopf und erhielten denn auch manchen guten Tip für ihre geplante Reise zur Kokosinsel. Natürlich auch manchen schlechten . . .!«

Mein Freund lachte laut los und nahm einen kräftigen Schluck Bier. Dann erzählte er weiter:

»Tips hin, Tips her, sie kamen zur Insel, bauten sich aus verfallenen Hütten eine primitive Unterkunft und machten sich dann daran, die Umgebung zu erforschen. Stell dir vor, sie hatten keinerlei Schatzkarten, keine alten Dokumente oder Briefe, in denen die Verstecke von Schätzen beschrieben waren! Aber sie glaubten an die Theorie, daß sich die Piratenverstecke in Höhlen befinden würden, und sie hatten eine perfekte Ausrüstung bei sich. Auch zum Tauchen, denn an viele Höhlen kann man nur vom Meer aus herankommen. Sie schwammen, tauchten, wanderten, suchten wochenlang. Immer nur Höhlen, Höhlen, Höhlen.

Na ja, und dann . . . dann fanden sie tatsächlich etwas. Im dichten Dschungel entdeckten sie eine senkrecht verlaufende Felsspalte. Sie folgten diesem Riß, was übrigens nicht so einfach war, wie es sich anhört, denn sie mußten sich den Weg Zentimeter für Zentimeter mit Buschmessern freischlagen. Es war schrecklich heiß und feucht, aber die Burschen hielten durch.

Die Spalte öffnete sich immer weiter und führte

schließlich unter die Erde. Als sie einen halben Meter tief waren, wurde es dann aber so eng, daß die Franzosen eine Menge Erde beiseite schaffen mußten, damit sich ein Mensch hindurchzwängen konnte. Doch die Schufterei lohnte sich, denn sie fanden den Eingang zu einer Höhle.«

Er hörte auf zu reden, lehnte sich in seinem Stuhl zurück und sah mich an. Ich hatte den Eindruck, er wollte die Wirkung seiner Erzählung auf mich testen. Natürlich konnte ich meine Aufregung nicht verbergen, warum auch?

»Weiter!« sagte ich zu ihm. »Was war mit der Höhle?«

»Was mit der Höhle war?« fragte er lachend zurück. »In einem Satz gesagt: Die Franzosen standen vor mehreren ganz morschen Kisten mit verrosteten Beschlägen, Kisten, die bis an den Rand mit Goldbarren und Goldmünzen gefüllt waren! Ich bin sicher, daß sie den ›Davis-Schatz‹ gefunden hatten; also den kleinsten der drei, die auf der Insel versteckt sein sollen.

Wie auch immer: Die Franzosen packten von dem Gold soviel wie möglich in Jutesäcke und transportierten es in ihr Lager in der Chatham-Bucht. Erst als sie dort angekommen waren, begannen sie über ihren kostbaren Fund nachzudenken. Ein Problem ist zwar, auf der Kokosinsel einen Schatz zu finden, aber das, was man gefunden hat, auch abzutransportieren, ist ein anderes Problem. Schließlich wird die Insel ständig von costaricanischen Patrouillenbooten überwacht, die jede Expedition kontrollieren.

›Wohin also mit dem Gold?‹ dachten die Franzosen, und sie beschlossen in jener Nacht, ihren Fund neu zu verstecken, um ihn dann später, nach Monaten vielleicht, abzuholen, ohne vorher in Puntarenas aufzukreuzen.«
Wieder bestellte mein amerikanischer Freund Bier für uns beide, wieder machte er eine Pause, wieder wartete ich voller Spannung auf die Fortsetzung dieser Geschichte.
»O. k.«, brummte er nach einer Weile, als wollte er sich selbst einen Anstoß geben, »also: Ich glaube, ich erzähle dir nichts Neues, Peter, wenn ich sage, ›Gold macht giftig‹. In derselben Nacht also, in der die Franzosen ihren Plan faßten, in jenen Stunden, in denen sie eigentlich allen Grund gehabt hätten, fröhlich zu sein, da kam es zu einem Streit, zu einer verdammten Auseinandersetzung! Der Älteste von ihnen, der Anführer der Expedition, war der Meinung, daß er den größten Teil des Schatzes für sich beanspruchen könnte. Das gefiel den beiden anderen natürlich nicht; sie wurden mißtrauisch und allmählich immer wütender. Keiner konnte oder wollte schlafen.«
Mein Freund nahm einen tiefen Schluck, griff sich eine Zigarette, zündete sie an, inhalierte und fuhr dann fort:«
»Nützte ihnen aber alles nichts, nützte ihnen gar nichts! Am nächsten Morgen schickte der Anführer einen seiner beiden Kumpane unter irgendeinem Vorwand fort – in die Wafer-Bucht, glaube ich. Nun ja,

und kaum war der eine weg, haute er dem anderen einen Spaten über den Schädel, erschlug ihn grausam und schleppte ihn ins Dickicht.
Nach Stunden kam der andere zurück, und an der Stelle, wo der Gissler-Pfad in die Bucht führt, lauerte ihm der Mörder auf. Er tötete auch den zweiten Mann mit dem Spaten und schleifte auch die zweite Leiche ins Unterholz. Dann überlegte er, was er nun tun sollte. Er wußte, daß häufiger mal Menschen auf die Insel kamen, und er fürchtete, daß jemand die Leichen entdecken und er als Mörder entlarvt werden könnte.
›Aber‹, so dachte er, ›wo keine Ermordeten sind, da sucht man auch keinen Mörder.‹ Und so beschloß er, seine beiden Opfer in jene Höhle zu bringen, in der sie tags zuvor den Schatz gefunden hatten. ›Das‹, so sagte er sich, ›ist ein sicheres Versteck! 150 Jahre Schatzsuche hat es unentdeckt überdauert.‹ Der Franzose schleppte die Leichen bis zur Höhle, legte sie in das Felsenloch zu dem Gold, verdeckte den Eingang mit Gestrüpp und Steinen und prägte sich den Platz genau ein. Später, in Costa Rica, wurde er zwar vernommen, konnte dann aber ohne große Probleme nach Frankreich zurückreisen.«
Ich unterbrach den Amerikaner und fragte ihn: »Woher weißt du das eigentlich alles, was du mir da erzählst?« Bis heute ist mir nicht richtig klar, ob er mir auf diese Frage eine Antwort gab. Denn er trank, rauchte und tat so, als hätte er meine Unterbrechung nicht wahrgenommen, und erzählte einfach weiter,

ein wenig gedankenverloren und dem Anschein nach so, als spräche er zu sich selbst und hätte meine Anwesenheit inzwischen vergessen.

»Es vergingen ein paar Jahre, bis er hierher zurückkehrte und einen Freund in Puntarenas in sein Geheimnis einweihte. Ja, so war das, ja . . . nach langem Hin und Her war dieser Freund bereit, gegen einen Anteil am Schatz den Franzosen auf einer Yacht auf die Insel zu bringen.

Nun, um die Sache kurz zu machen: Alles verlief ohne Probleme. Sie fanden den Schatz, sie teilten, und der Franzose kehrte in seine Heimat zurück. Heute lebt er in einer großen Villa mit Blick aufs Mittelmeer . . .«

Wieder unterbrach ich den Amerikaner: »Was hat diese Sache aber nun um Gottes willen mit meinen beiden Geschichten zu tun?«

Mein Freund sah mich mit großen Augen an. Er schien sich zu wundern, daß ich immer noch nicht begriffen hatte. »Es ist alles dieselbe Story!« sagte er. »Den Mörder bedrückten diese beiden Morde maßlos. Und um die Kokosinsel-Erlebnisse, diese Alpträume loszuwerden, setzte er sich in Frankreich hin und schrieb sich alles von der Seele. Allerdings: Er schrieb alles ganz anders auf, als es passiert war. Er wollte sein Gewissen entlasten, aber doch nicht die ganze Wahrheit aufschreiben. Also machte er aus den getöteten Freunden zwei Skelette – so, als könne er seine Untat damit vertuschen, daß er den Tod der beiden Männer für die Öffentlichkeit in eine frühere

Zeit zurückverlegte. Über Umwege hat er die ganze Story dann schließlich veröffentlichen lassen – wer alle Versionen kennt, so wie du und ich, der weiß die ganze Wahrheit!«

Die ganze Wahrheit? Mein Freund, der Amerikaner, der Seebär, der manchmal so aussah wie ein Pirat – war er vielleicht nur ein phantasievoller Märchenerzähler?

Da sprang er plötzlich auf, als hätte er meine Gedanken erraten, zog mich am Hemdsärmel und rief: »Komm, los, komm, ich will dir etwas zeigen!«

Er hatte es auf einmal sehr eilig und steuerte, ohne nach links oder rechts zu schauen, an allen Tischen vorbei auf die Tür zu. Ich sah zu, daß ich hinterherkam, und im Hinauslaufen konnte ich dem Kellner gerade noch ein paar Scheine hinwerfen, um unsere Rechnung zu bezahlen.

Wir stiegen in meinen Chevrolet, und er dirigierte mich durch Puntarenas bis zu einer Holzhütte, an der ich halten sollte. Mit einem Riesensatz, den ich ihm kaum mehr zugetraut hatte, sprang er über den Zaun, verschwand hinter der Hütte und kehrte keine fünf Minuten später mit einer Zigarrenkiste in seiner Hand zurück.

Er setzte sich wieder neben mich in den Wagen, hielt mir das Kistchen unter die Nase, öffnete es und sagte triumphierend: »Da!«

Ich glaubte meinen Augen nicht zu trauen: Im Mondlicht, das durch die Autoscheiben schien, blitzten unzählige Goldmünzen. Die Zigarrenkiste war bis

zum Rand gefüllt, und als ich ein paar Münzen mit zitternden Fingern herausholte, konnte ich die Jahreszahlen 1621 und 1627 darauf entziffern.
Mein Herz schlug mir, ich muß es ehrlich zugeben, bis zum Hals. »Bist du derjenige, der den Franzosen bei seiner zweiten Kokos-Reise hinübergebracht hat?« fragte ich.
Er antwortete mir nicht.

★

Sooft ich nun nach Puntarenas kam, besuchte ich den Amerikaner auf seiner Yacht »Espartero«, die stets an derselben Stelle im Hafen lag.
Wir führten immer und immer wieder lange Gespräche über die Kokosinsel, doch niemals verriet er mir die letzten Geheimnisse seiner Geschichte, nie beantwortete er mir jene Fragen, die mich immer noch beschäftigten: Wie war der Name des Franzosen, der seine beiden Kameraden ermordet hatte? Und: War mein amerikanischer Freund derjenige, der den Mörder zur Kokosinsel hinübergebracht hatte? War er derjenige, mit dem der Franzose die Beute teilen mußte?
Eines Tages hatte mein Freund eine Bitte an mich. Er gab mir einen Scheck, den ich auf mein Konto einreichen sollte, um ihm dann – bei nächster Gelegenheit – das Geld bar auszuzahlen.
Natürlich war ich einverstanden. Doch als ich Wochen darauf mit dem Geld in der Tasche nach Puntarenas

kam und zu seinem Ankerplatz ging, lag seine Yacht nicht mehr da. Niemand wußte, wann er fortgesegelt war und wohin.
Ich sah meinen amerikanischen Freund nicht wieder. Nie mehr. Mit seiner Yacht blieb er für immer wie vom Erdboden, mehr noch, wie vom Ozean verschluckt.

★

Es ist Morgen geworden. Fünf Uhr vielleicht? Meine Uhr ist stehengeblieben. Einer jener Morgen von Costa Rica. Kühl, aber nicht kalt, ein wenig feucht noch von einem Regenfall, der in der Nacht über das Land hereingebrochen ist. Alles wirkt etwas verschwommen und unklar, am Horizont geht langsam, fast träge, die Sonne auf. Unten vor dem Fenster knattert ein alter Lieferwagen vorbei, irgendwo bellt ein Hund. Der Ventilator über mir surrt noch immer.
Ich bin müde, erschöpft, verschwitzt. Wo war ich die ganze Zeit über? Noch einmal ordne ich meine Gedanken, lege den Stift zur Seite, blicke auf mein Manuskript. Das also ist sie, die Geschichte der Kokosinsel. Das also ist sie, die Geschichte der Piraten Edward Davis oder Dom Pedro, das sind die Geheimnisse der Schätze aus Kirchen, Kaufmannshäusern und Palästen.
John Keating tritt noch einmal in meiner Erinnerung auf, August Gissler, die Direktoren der »Treasure Recovery Ltd.« und all die anderen, die aus Neugier-

de oder aus Geldgier, die aus Abenteuerlust oder aus Forschungsdrang zur Kokosinsel kamen; an jene denke ich, die als Schiffbrüchige ans Ufer der Chatham- oder der Wafer-Bucht gelangten, an die vielen Gutgläubigen und Dummköpfe erinnere ich mich, an die Verbrecher, an die Mörder und an die Ermordeten, deren Gerippe irgendwo im Innern der Insel oder in den Tiefen des inselumspülenden Meeres liegen.
Die Geheimnisse dieser Welt: Auf der Kokosinsel gibt es immer noch mehr als genug davon. Doch an jeder noch so phantastischen Geschichte ist, so meine ich, ein Fünkchen Wahrheit. Daß man bis heute nichts darüber gehört hat, ob etwa der Lima-Schatz entdeckt und gehoben worden sei, daß man bis heute nichts über wirklich große Funde auf der Kokosinsel erfahren hat, kann zwei Gründe haben: Entweder ist schon das meiste gefunden worden und aus Gründen der Sicherheit, vielleicht auch der Unehrenhaftigkeit, still und heimlich fortgebracht worden.
Oder aber, die unermeßlichen Schätze liegen eben immer noch dort – nur nicht mehr an jenen Plätzen, die in den Schatzkarten verzeichnet sind. Auf der vulkanischen Kokosinsel muß man jedes Jahr mit etwa einhundert kleineren Beben rechnen, die vom »Cocos-Ridge« ausgehen, von einer Stelle, an der der Pazifik 4000 Meter tief ist. Durchaus denkbar, daß durch die Beben im Laufe der Jahrhunderte auf der Kokosinsel Verschiebungen und Veränderungen in der Landschaft stattgefunden haben, die Angaben auf alten Schatzkarten ungültig gemacht haben.

Mir drängt sich die Frage auf, warum die unzähligen Expeditionen, die Hundertschaften von Schatzsuchern, speziell jene, die in den letzten Jahren mit modernstem technischen Gerät ausgestattet waren, diese Möglichkeit nicht in Betracht gezogen haben.
So könnte man doch in dem ganzen Kokos-Hokuspokus für eine Entzauberung sorgen, indem man sich etwa die enormen Fortschritte der heutigen Forschung zunutze machte.
Im kanadischen Mississauga, Ontario, gibt es zum Beispiel das Unternehmen »Questor Survey's Ltd.«, das Flugzeuge und Hubschrauber vermietet, die mit einer überdimensionalen Suchschleife ausgerüstet sind.
Diese Suchschleifen, die nach dem Prinzip eines Metalldetektors funktionieren, ermöglichen das Aufspüren von Edelmetallen und Mineralien bis zu einer Tiefe von 183 Metern. Was ist ein Spaten, was ist eine Schatzkarte, was sind Dynamit oder ein »Medium«, das Kontakt zu toten Piraten haben will, gegen solche Technik?
Gewiß, Top-Technik kostet ein Vermögen. Aber schließlich haben ein paar hundert Expeditionen in den letzten hundert Jahren einige hundert Millionen Mark investiert, in sehr herkömmliche oder in sehr phantastische Methoden – und mit schlechtem Ergebnis, soweit man weiß. Und was ist schon die Investition in ein Spezialflugzeug beispielsweise, gemessen an einem möglichen Milliarden-Gewinn?
Ich selbst glaube nach langen Recherchen und vielen

Gesprächen und mancher Reise unerschütterlich daran, daß immer noch ein unfaßbares Vermögen auf der Kokosinsel ruht.

Selbst wenn Leute wie John Keating und andere immense Funde gemacht und weggeschafft haben sollten, was heute nachträglich nicht mehr überprüfbar oder beweisbar ist: Bekanntermaßen haben die Piraten in vergangenen Jahrhunderten einen Schatz immer untereinander aufgeteilt, so daß man davon ausgehen kann, daß mit jedem Piratenschiff, das vor der Kokosinsel vor Anker ging, auch immer eine Vielzahl von Verstecken zurückgelassen wurde. Angefangen beim Hauptschatz, für den der Piraten-Anführer, der Kapitän des jeweiligen Piratenschiffes, verantwortlich war, über den Schatz des zweiten Mannes, des Maates etwa, bis hin zu den kleineren Schatzplätzen, die sich die Männer der Mannschaft zulegten. Demnach müßte es Hunderte von kleineren und größeren Schätzen auf der Insel geben. Immer noch.

Schon jetzt weiß ich es: Auch dieses Buch hat mich nicht vom Kokos-Syndrom befreit. Im Gegenteil. Ich bin befallen, besessen wie nie zuvor; ich weiß, daß ich einmal den richtigen Platz, den Schatzort, das Versteck in einer Höhle, in einer Bucht, im Dickicht, unter Steinen oder Sand ausmachen werde. Die Kokosinsel, meilenweit von meinem Zimmer hier entfernt, da draußen im Pazifik, an diesem Morgen vielleicht unter dichten Wolken verborgen, die Kokosinsel ist voller Schätze, da bin ich vollkommen sicher.

Und auch das weiß ich: Ich suche weiter.

Uwe George am Ruder der »Victoria of Karlstad«

Kokosinsel heute: ein Wegweiser

Kokosinsel heute: ein Wegweiser

Der amerikanische Autor und Fotograf Pete McLain hat in der südamerikanischen Zeitschrift »Geomundo« auf einen Nenner gebracht, was schon so viele empfunden haben: Der wahre Schatz sei nicht erst von Seeräubern auf die Kokosinsel gebracht worden, der wahre Schatz sei die Insel selbst.
Das mag stimmen. Zwar läßt sich mancher von jenen Berichten und Legenden verzaubern, die von Piraten erzählen, vom Dollarvermögen verborgener Schätze und abenteuerlichen Expeditionen auf der Suche nach Gold und Edelsteinen. Doch die Mehrheit der Inselbesucher kommt nicht deswegen.

Ein seltenes Natur-Paradies

So erstaunlich es klingen mag, aber die meisten Kokosinsel-Reisenden interessieren sich für die Schönheit der Natur – und zwar aus wissenschaftlichen Gründen. Jedes Jahr forschen, filmen und fotografieren mehr als 350 von ihnen auf dem costaricanischen Eiland. Was Wissenschaftler dort suchen und finden: eine erstaunliche, zum Teil einmalige Fauna und Flora. Aufgrund ihrer isolierten Lage ist die Kokosinsel ein evolutionäres »Frühfeld« von Tieren und Pflanzen.

Man trifft auf zwei Arten der Vegetation. Eine spärliche entlang der Küste, geprägt von den tief ins Land reichenden, zerklüfteten Buchten, von Felsen und palmenbestandenen Stein- und Sandstränden. Und es gibt eine üppige, mit tropischem Regenwald überwucherte Landschaft – bis hin zum undurchdringlichen und in Teilen noch unerforschten Inselinneren.

Im dichten Urwald wachsen mehr als 250 verschiedene Pflanzen, darunter neben samtgrünen Moosen und exotischen Bäumen wie etwa Brotfrucht oder Mango auch prächtig blühende Tropengewächse sowie auffallend mächtige Farne, wie man sie sonst nirgendwo auf der Welt findet.

Vielleicht noch faszinierender aber ist die Tierwelt. Forscher beobachteten und zählten allein 750 verschiedene Insektenarten, so beispielsweise zwar nur eine einzige Art der Schmetterlinge, dafür aber gleich drei endemische Wespenarten, solche also, die ausschließlich auf der Kokosinsel existieren. 77 Vogelarten, darunter drei endemische, leben auf dem Eiland, nicht gerechnet jene Zugvögel, denen die Kokosinsel als Ruheplatz dient.

Es gibt keine Säugetiere – mit Ausnahme jener, von denen ich am Anfang dieses Buches schon berichtet habe: wilde Nachkommen von Tieren, die vor Jahr-

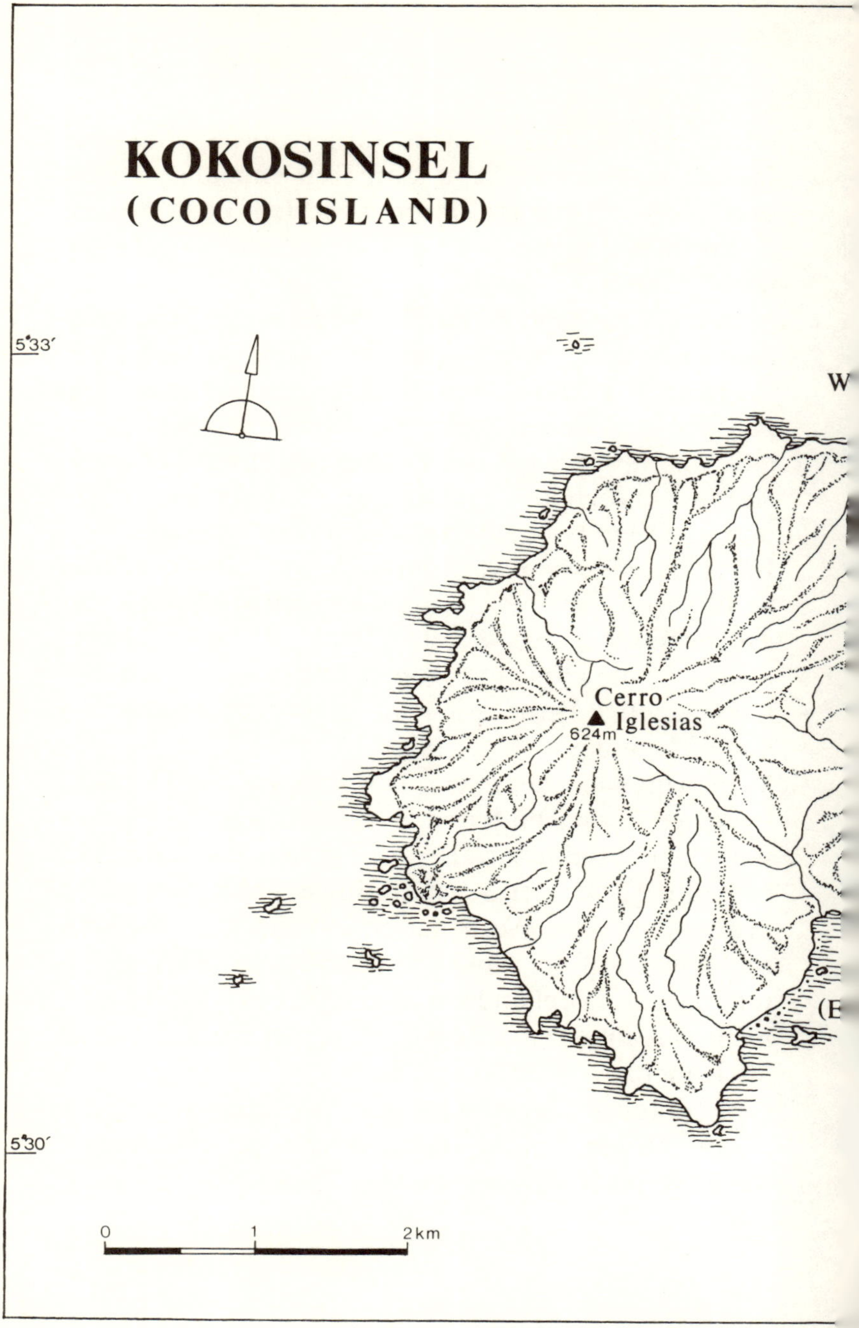
KOKOSINSEL
(COCO ISLAND)
5°33′
5°30′
W
Cerro
Iglesias
624m
(E
0
1
2km

Übersichtskarte und Lageskizze der Schatzinsel

hunderten von Seeleuten auf der Kokosinsel zurückgelassen wurden. All diese Katzen, norwegischen Ratten, Ziegen, Rehe und unzähligen Schweine sind allerdings eine Gefahr für die Pflanzenwelt, weil sie bei ihrer Nahrungssuche die Wurzeln der Bäume, Sträucher oder Blumen schädigen.
Die Tatsache, daß ursprünglich keine Säugetiere vorhanden waren, und die Vielfalt endemischer Flora stützen die Annahme vieler Wissenschaftler, die Kokosinsel sei vulkanischen Ursprungs. Somit habe sie eine eigenständige Entwicklung durchgemacht und sei daher nicht – wie manche glauben – zu Vorzeiten mit dem Festland von Zentralamerika verbunden gewesen.
Dies alles macht das kleine Natur-Paradies zu einem Natur-Wunder. Und das wiederum veranlaßte die costaricanische Regierung, die Kokosinsel unter Naturschutz zu stellen. Im Jahre 1978 wurde sie zu einem einzigen und einzigartigen »Nationalpark« deklariert. Vier Regierungsbeamte arbeiten als Nationalparkwächter, vor Ort als »Waldhüter« bezeichnet. Sie verbringen dort, jeweils im Wechsel, ein halbes Jahr. Ohne Funkverbindung zum Festland leben sie gewissermaßen als Außenposten auf dem »fragmento de Costa Rica en el Pacifico«, diesem Bruchstück Costa Ricas im Pazifik, wohnen ganz einsam in einer Hütte, sind keine Gärtner und keine Forscher, sondern Männer mit der erklärten Aufgabe, für Ordnung auf der Kokosinsel zu sorgen. Wie auch immer man das verstehen soll und mag...

Aufenthalt nur mit Genehmigung

Für viele, die zum erstenmal dorthin kommen, ist es eine große Überraschung, daß die Insel eben doch nicht mehr unbewohnt ist wie früher einmal, daß dort, in dieser vermeintlichen Einsamkeit, Parkwächter die Aufsicht führen und daß man – besonders wichtig für Schatzsucher – eben doch nicht gänzlich ungestört suchen und im Glücksfall abtransportieren kann und darf. Nicht zuletzt deshalb auch empfiehlt sich für alle Abenteurer und Reisenden am besten immer der legale Weg.

Voraussetzung ist in jedem Fall – sofern man statt des geplanten Inselurlaubs nicht das Risiko von Gefängnisferien eingehen will – eine Aufenthaltsgenehmigung für die Kokosinsel. Man erhält sie, indem man sein Vorhaben schriftlich begründet – wobei natürlich fotografierende Naturschützer grundsätzlich willkommener sind als sprengstoffzündende Schatzsucher. Den Antrag – am besten in spanischer, notfalls auch in englischer Sprache – schickt man so früh wie möglich an eine der beiden folgenden Institutionen:

Servicio Nacional de Parques Nacionales, Apdo. 10094, 1000 San José, Costa Rica, S.A.

Fondacion de Parques Nacionales, Apdo. 236, 1002 San José, Costa Rica, S.A.

Man sollte dieses Schreiben bereits im Zuge der Reisevorbereitungen von Europa aus nach Costa Rica schicken. Alternativ kann man sich allerdings auch in Costa Ricas Hauptstadt San José direkt an eine der

Behörden wenden, eventuell sogar unter Zuhilfenahme eines einheimischen Anwalts. Diese Prozedur kann den Vorgang möglicherweise beschleunigen.
Informationen über das Land und speziell über die Kokosinsel, dazu wichtige Hinweise und Tips für die Reise erhält man von den costaricanischen Konsulaten, die es in einigen bundesdeutschen Großstädten gibt. Oder aber auch von der Botschaft Costa Ricas in Bonn (Anschrift: Borsigallee 2, 5300 Bonn 1, Telefon: 0228/252940). Darüber hinaus erhält der Interessierte ebenso in (fast) allen Reisebüros Auskunft.

So kommt man hin

Flüge von Deutschland nach Costa Rica gibt es in den unterschiedlichsten Kombinationen und zu verschiedensten Konditionen; von der Festbuchung via Madrid über Reisen mit Zwischenstopp in Mexiko-Stadt bis etwa zu First-class-Flügen über New York.
Von San José aus dann gelangt man wahlweise per shuttel-service vom Flughafen La-Sabana-Airport San José (15 Minuten), mit dem Taxi oder mit der Bahn (vier bis sechs Stunden) zur Hafenstadt Puntarenas, dem Ausgangspunkt für jedes Kokosinsel-Abenteuer.
Ja, das Abenteuer Kokosinsel. An jenem Punkt der Erde beginnt es wirklich. Wer bis nach Puntarenas gekommen ist, wer bis dorthin die vergleichsweise leichten Hürden dank der Errungenschaften unserer

modernen Zivilisation genommen hat, wird dort vielleicht an Grenzen stoßen.
Einen regelmäßigen Schiffsverkehr zur Kokosinsel gibt es nämlich nicht. Man ist angewiesen auf Glück, Phantasie, exaktes Timing, die Hilfe anderer und, unter Umständen, auch auf einen gut gefüllten Geldbeutel.
Die einfachste Lösung: Man findet zufälligerweise eine Privatyacht, auf der noch ein Platz frei ist, oder einen abenteuerlustigen Segelschiff-Besitzer mit Kurs auf die Kokosinsel.
Die zweite Möglichkeit: Man versucht, einen der vielen Fischer zu einem Törn zu überreden, der in die Chatham-Bucht führt. Das freilich ist – besonders auf einem Fischfänger – eine unkomfortable Art zu reisen, die dennoch nicht billig wird. Auch der einfachste Fischer läßt sich die Überfahrt inklusive Kost und Koje ordentlich bezahlen.
Die dritte Art, das Ziel zu erreichen, ist, eines jener Schiffe zu erwischen, die nach Bedarf Passagiere zur Kokosinsel hin- und wieder mit zurücknehmen. So etwas kann, mit Verpflegung immerhin, für einen Sechs-Tage-Trip gut und gerne ein paar tausend Mark kosten, zahlbar selbstverständlich in harten Dollars.
Ein letzter Weg: Wenn die Patrouillenboote der costaricanischen Regierung, die die Nationalpark-Aufseher befördern und für deren Nachschub sorgen, nicht gerade zur Überholung in der Werft liegen, kann man, nach Kontaktaufnahme mit den zuständigen Behörden, auch auf ihnen mitfahren. Das ist in jeder

Hinsicht ein Glücksfall. Dauer einer Überfahrt per Schiff: durchschnittlich 36 Stunden, sofern Wind und Wetter mitspielen.

Ein Schatz bleibt immer

Alles weitere ergibt sich auf der Kokosinsel. Sollten Sie einen Schatz finden, denken Sie daran: Die Regierung des Landes ist, so lauten die Bedingungen, mit etwa der Hälfte am Gewinn beteiligt. Und sollten Sie, wie viele andere vor Ihnen, trotz aller Aufregungen und Anstrengungen nichts finden, dann reisen Sie nicht enttäuscht zurück! Denken Sie daran, was der amerikanische Journalist Pete McLain herausgefunden hat: Der wahre Schatz ist die Insel selbst.

192 Seiten, durchgehend illustriert, broschiert

192 Seiten, durchgehend illustriert, broschiert

184 Seiten, durchgehend illustriert, broschiert